孩子，我想听你说

亲子谈话五步法

月方——

中国妇女出版社

版权所有·侵权必究

图书在版编目（CIP）数据

孩子，我想听你说：亲子谈话五步法 / 月方著． --北京：中国妇女出版社，2024.1(2024.3重印)
ISBN 978-7-5127-2338-2

Ⅰ.①孩… Ⅱ.①月… Ⅲ.①亲子教育-语言艺术 Ⅳ.①G781

中国国家版本馆CIP数据核字（2023）第205373号

责任编辑：朱丽丽
封面设计：末末美书
责任印制：李志国

出版发行：中国妇女出版社
地　　址：北京市东城区史家胡同甲24号　　邮政编码：100010
电　　话：（010）65133160（发行部）　　65133161（邮购）
网　　址：www.womenbooks.cn
邮　　箱：zgfncbs@womenbooks.cn
法律顾问：北京市道可特律师事务所
经　　销：各地新华书店
印　　刷：北京通州皇家印刷厂

开　　本：165mm×235mm　1/16
印　　张：13.5
字　　数：160千字
版　　次：2024年1月第1版　　2024年3月第3次印刷
定　　价：49.80元

如有印装错误，请与发行部联系

前言

现在,很多"鸡娃"的父母在"内卷"的旋涡中非常焦虑,看到别人家孩子成绩好,以为给自家孩子布置额外的作业就能提高成绩;看到机构张贴的别人家孩子得高分的照片,以为给自家孩子多报辅导班就能得高分……他们跟孩子相处的方式依然是:说教、指责、训斥甚至打骂……导致孩子跟父母总是处于对抗状态,给孩子报再多的辅导班、讲再多的道理,孩子听不进去也不想听。生活中太多孩子被父母逼急了,反而"躺平",也有太多孩子刚上一年级就开始磨蹭拖拉,更多孩子对什么都提不起兴趣,更甚者,因为亲子关系处理不当,发生了很多极端的事例……

此类种种,让我意识到给父母普及科学育儿理念和方法多么重要!

我进行家庭教育指导工作以来,发现家长们问得比较多的问题都是琐碎而具体的,比如:孩子写作业磨蹭拖拉怎么办?孩子天天要玩手机怎么办？孩子早上赖床怎么办？孩子说不想上学怎么办？此类种种，促使我去寻找一种有效的亲子沟通方式，这种沟通方式还要简单易学，好上手，能让父母照着做就见到效果，于是，就产生了亲子谈话五步法。我具体规划了详细的五步，大家按照步骤来，就可以跟孩子实现无阻碍沟通。

曾经有家长将我的亲子谈话五步法悄悄用在工作中。他当时录了谈话的片段发给我，说："月方老师，我用你的谈话方法，又谈成了一笔生意。"

还有家长告诉我："我现在跟公婆、老公都用亲子谈话五步法，甚至也用在跟孩子老师的沟通上，我的人际关系越来越好，问题也一个个地得到了解决。"

大家能把我的谈话法用到生活的方方面面，我真的特别高兴。

一位爸爸和孩子沟通时坚持用亲子谈话五步法，有一天他惊讶地发现，孩子跟他也开始使用亲子谈话五步法了！

孩子对他说："爸爸，我知道你不想跟妈妈一起去外婆家，但妈妈一个人开车我不放心。你是陪她去外婆家呢？还是带上我一起？"

这真是妙！这孩子用的就是亲子谈话五步法里面的步骤：第一步先谈对方感受，第二步说自己的感受或需求，第三步一起想办法寻找解决之道。

短短几句话,爸爸就被"俘虏"了,乖乖地送妻子回娘家了。

而另一个孩子,一个五年级的小学生,经常在学校用亲子谈话五步法解决同学之间的矛盾。学期结束,他被老师评为班级的"道德之星"。

说实话,听到这些反馈的时候,我是非常惊讶的,我没有想到亲子谈话五步法有这么大的魔力!

亲子谈话五步法最初参考了美国正面管教专家简·尼尔森博士的《正面管教》一书,书中讲了"赢得合作的四个步骤"。我细细揣摩了书中的这四个步骤,又根据我国国情以及家长们反馈的来自亲子教育中的各种问题,加以分类改造细化,另外增加了一些自己的内容,增强了操作性,于是,就形成了现在的"亲子谈话五步法"。我对自己的要求是:避免理论,避免空洞,避免高深,用实例加具体可操作的方法,让家长们易于掌握。

两年来,我以短视频为媒介,以直播为平台,成立了"父母学习小组",给很多父母讲如何"正确和孩子沟通",取得了很多成果。重要的成果之一就是:我改变了很多孩子的人生轨迹——因为父母的改变,孩子们得以健康成长,能力越来越高,成绩越来越好,家庭越来越和睦。孩子的成长环境温馨和睦了,孩子们就更大胆、更勇敢、更精进了,成绩当然会变好!

后来,父母学习小组的一位成员洋洋妈妈,将她的亲子谈话五步法的实践以打卡的形式呈现了出来:

今天上完阅读课回来，老师布置的作业洋洋还没写，我提醒他要写作业了，他一直没动，我心里挺着急的，但表面还是很温和地问他："今天作业要不要写了？不想写咱们今天就不写了？"洋洋想了一下说："要写呢，但是我想当会儿'咸鱼'。"我说："可以啊，那我们就当10分钟'咸鱼'，之后写20分钟作业。"他答应了。

10分钟"咸鱼时间"后，洋洋边写作业边摸文具，我提醒了他并收走了文具。他安心写作业，其间他跟我说话，我没理他。

虽然作业完成时间超过了20分钟，但比起昨天的鸡飞狗跳已经好太多了！

我把上面的内容发在了微博上，一位网友评论："这个方法是《P.E.T父母效能训练》里面建议的三招。第一，积极倾听孩子想法。第二，表达父母意愿。第三，双方协商方案并做承诺！三招全用！很赞！"

感谢这位网友。他的评论让我一下子知道了《P.E.T.父母效能训练》这本书。我特地去网上查询了一下：《P.E.T.父母效能训练》是美国心理学家托马斯·戈登博士在1962年创建并推出的一套简单、实用的父母训练课程，其中介绍的办法如今广泛应用于各类不同的沟通场合以及沟通理论中。

请原谅我孤陋寡闻，我实践了简·尼尔森的"赢得合作的四个步骤"一段时间后，才知道托马斯·戈登的理论方法，也才知道他的方法适用于各种关系。大言不惭一下：我的亲子谈话五步法居然跟他的方法有异曲同工之妙。

但我的亲子谈话五步法是被我的"父母学习小组"组员们广泛运用于各种其他关系上去的（比如做生意、带领团队等），这是我的学员们的集体智慧，是他们在生活中善于变通、善于思考、善于应用，以至于与托马斯·戈登博士殊途同归。所以，群众的智慧是闪亮的，只要被调动起来，每个人都可以成为亲子关系专家。

现在，我把我的亲子谈话五步法写成了一本书，作为本土的沟通技巧，推广给中国的家长，希望它能有益于更多的在亲子矛盾中煎熬的家庭，也希望我的方法能给你的人生带来些许改变。

目录

第一章
"为什么我们说话孩子不听?"

一个单亲爸爸用亲子谈话五步法带孩子"逆袭"的真实故事 | 003

唠叨:以为在"灌溉",其实是"洪涝灾害" | 009

倾听"障碍":父母的致命伤 | 013

无谓的担心:相当于在告诉孩子"你完了" | 019

第二章
父母必须知道的"亲子谈话五步法"

亲子谈话第一步:谈孩子感受 | 027

亲子谈话第二步:谈家长感受 | 035

亲子谈话第三步：头脑风暴 | 040

亲子谈话第四步：讨论策略 | 046

亲子谈话第五步：达成协议并执行 | 052

第三章

活学活用亲子谈话五步法——来自家长的智慧

和怕数学的初三孩子聊聊作业上的空白 | 061

亲子谈话五步法运用过程中妈妈们闪现的智慧 | 067

亲子谈话五步法的扩大版：家庭会议法 | 074

定期给自己"特殊时光" | 082

第四章

如何与孩子共情

沟通中共情为什么重要？ | 091

用共情治愈孩子焦躁的心 | 096

手把手教你共情 | 102

用共情让孩子从怕写作业到主动写作业 | 110

共情不要用错 | 118

第五章
生活中，做"口吐莲花"的爸妈

◆ ◆ ◆

像淘金一般发现孩子身上的优点 | 127

教你一个表扬公式 | 135

表扬可以"变三变" | 140

第六章
一句抵万句的沟通金句

◆ ◆ ◆

"你辛苦了"——让孩子为自己学习 | 151

常说"对不起"，提升父母形象 | 157

对孩子说："没考好，你肯定很难过……" | 164

第七章

学会用"小"五步法

只用一步也有效 | 173

面对沉默,及时叫停 | 176

有些结果需要用心等 | 179

第八章

亲子谈话五步法减负提分策略

学习上落实减负 | 187

减负也要减内耗 | 191

减负有"减"也要有"加" | 195

第 一 章

"为什么我们说话孩子不听？"

一个单亲爸爸用亲子谈话五步法带孩子"逆袭"的真实故事

◆ ◆ ◆

在介绍亲子谈话五步法之前,我先给大家讲一个真实的故事。

故事的主人公网名守怡,四十岁左右,他的职业是兽医,所以给自己取名守怡。

守怡信奉棍棒教育,他的座右铭是:"教育孩子没有一顿打解决不了的;如果不能,那就来两顿。"这就是他教育孩子的准则。

他儿子上小学时,只要考试不满95分,就会被"棍棒伺候"。那时候他和爱人还在一起,有时候还会对孩子来个"夫妻双打"。

就这样,居然将儿子的成绩基本"打"在95分以上。

如果那时候有谁来跟守怡谈家庭教育,他会嗤之以鼻,他绝对不会信什么家庭教育!"哪有那么多弯弯绕!小孩子,打一顿不就好了吗?"

但是孩子上初一以后,打就不管用了。不仅打不到90分以上,孩子的数学成绩甚至一度掉到了39分。这个时候,妻子也离守怡而去,守怡成了一个单亲爸爸。

有一天,也记不清儿子犯了什么错,守怡怒火中烧,叫儿子去拿枝条来准备挨打。儿子站着没动,倔强地说:"我就不拿!凭什么打我还让我拿枝条?"守怡怒不可遏,怒气冲冲地拿了工具就抽过去了。但这一次,儿子硬挺挺地站着,任父亲抽打,一滴眼泪也没流,和小时候的号啕大哭判若两人!

这让守怡有了一种力不从心的感觉。他的眼睛撞上儿子恨恨的表情,守怡的心暗暗抽动了一下,心想:坏了!坏了!不起作用了!

尽管这样,他还是只会用武力教育孩子。而儿子也越来越倔,越来越不听话,不仅成绩一塌糊涂,上学还天天迟到。

那时候,我先生是他儿子的语文老师。他儿子被爸爸天天唠叨,就对爸爸说:"师娘开直播呢,你去捧捧场吧!"

守怡心想闲着也是闲着,再加上他也想搞直播创业,于是就进了我的家庭教育直播间。当然,他是来凑热闹的,他一边听我讲家庭教育,一边在下面发评论:"没有一顿打解决不了的,如果不行,就打两顿!"充当一个在直播间跟我唱反调的角色,有点像班级里经常插话饶舌的后进生。

但其实,那阵子他过得很糟糕。这是他后来跟我见面后才讲的。

他说自己离婚了,儿子不成器,日子过得一塌糊涂,身边的人都说他没把儿子教育好。孩子在学校总惹事,大家怪他做得不好,把孩子带坏了。

但后来,他在网上看到的一句话打动了他:"如果你觉得教育的成本太高,那就尝尝无知的代价。"

于是,他就试着在我的直播间不唱反调,好好听一听。

一开始他也听不懂,但听着听着,他终于听出些滋味。他把我讲课的视频截屏,没事的时候就拿出来反复看。

那时候我反复讲的就是亲子谈话五步法。守怡学习能力比较强,在跟孩子相处过程中,他有意识地用上一两步。比如儿子作业错误很多,他以前会挖苦:"儿呀,爸爸花那么多钱供你上学,你就买回来这些叉叉?"现在他会说:"肯定很难,不然你不会错这么多的。"以前他直接告诉孩子晚上吃什么,爱吃不吃,现在会有意识地让孩子选择:"小伙子,吃面条还是饺子?"

就这样用着用着,有一天,守怡发现了第一个"奇效":那天因为守怡的原因,孩子上学要迟到了,守怡着急忙慌地开车送儿子。坐在车后面的儿子反而说:"爸爸,你慢些,没事,我去的时候跟老师解释一下。"

一股暖流涌上了心头。以前迟到，儿子总是埋怨他，他又反过来责备儿子，父子在互相埋怨中一路呼啸，谁也不去想什么安全问题，而现在，儿子居然这么体贴了……

这个细微的改变一下子击中了守怡，也唤醒了守怡的信心。他愈加用心地揣摩亲子谈话五步法，不懂就来我的直播间问，问完回去依然用亲子谈话五步法跟孩子交流。渐渐地，孩子愿意跟他沟通了，愿意帮他倒水，愿意帮他搓背；再后来，孩子早上不再迟到……

这让守怡很来劲，他没想到家庭教育的力量如此巨大。

继续改变，继续坚持。坚持用亲子谈话五步法和孩子聊，聊一切问题，大到被老师批评、要不要跟妈妈出去玩，小到吃什么、怎么吃、去哪里吃，你先洗澡还是我先洗……

聊着聊着，初二下学期，他的儿子突然决定："明天早上，我要五点半起来晨读！"

这可把守怡乐坏了，他兴奋得睡不着觉，跑过来告诉我："月方老师，我是既高兴又担心，高兴的是，这小子知道用功了，以前从来没有过啊！担心的是，不知道他能坚持多久，因为我这孩子总是三分钟热度……"

我劝他："坚持一天也是坚持，坚持一天，你就鼓励一天。真懈怠了，咱们到时不还有亲子谈话五步法吗？"

这孩子后来晨读坚持了多久呢？一学期！中途有懈怠，但都被爸爸成功化解。后面我会有详细叙述。

这个孩子初一数学考39分,到初二上学期提高到90多分,下学期110多分,再到初三120分左右!妥妥地稳步上升。

外表看,爸爸还是那个爸爸,儿子还是那个儿子,但其实我知道,爸爸不再是那个爸爸,儿子也不再是那个儿子!爸爸不再打骂,儿子不再对抗,两个人的家庭变得温馨和睦,充满爱的能量,精神上减少了内耗,家庭有了松弛感,孩子就有精力去想他的学习。

你们猜后来怎么着?他儿子初三成功逆袭,考进了当地一所不错的高中。他的中考数学成绩是117分!

守怡笑着对后来的学习者说:"我就是亲子谈话五步法一招鲜,打遍天下无敌手。我只是将月方老师的五步法用到了极致。"

现在守怡走到哪儿都尊我为师。他将我的亲子谈话五步法用去做生意,谈到的生意越来越多。他经常把我推荐给他的朋友,尽管时常被那些朋友嘲笑:"好好的一个人去学什么家庭教育,你儿子是自学成才,跟你有什么关系!"守怡呵呵一笑,不再跟他们辩论,只有他自己知道经历了什么,他说:"真的是不足与外人道也。"

在我写这本书的时候,你们知道守怡家发生了什么吗?守怡儿子以压线分数进的高中,也就是最后一名进的高中,高一半学期下来孩子就到中游了,一学期下来,孩子选科重新分班居然进了学校的文科强化班！

妥妥的又一次逆袭！

这给了守怡很大的信心，同时也给了我很大的信心。用正确方式陪伴的孩子，是有后劲的！是可以不断逆袭的！

作为家长，我们要用正确的等待、启发和期望，促进孩子把自己的想法表达出来；用正确的"头脑风暴"，让孩子也为自己的事情考虑考虑；用"协议上墙"，让孩子自己制订规则；用"坚持到底"，让孩子遵守诺言。

用这些方法，去培养一个主动性强的孩子。孩子的路让孩子自己走，孩子的人生让孩子自己做主。

唠叨：以为在"灌溉"，其实是"洪涝灾害"

◆ ◆ ◆

在详细介绍亲子谈话五步法之前，我们得先搞明白：为什么我们跟孩子的沟通充满障碍？明明苦口婆心，有的家长甚至都说出了眼泪，孩子却无动于衷？问题出在哪里呢？

有一天散步，我遇到刚从外面溜达回来的一家三口。小女孩滑着一辆滑板车，爸爸妈妈在后面跟着。进入小区内部道路，小女孩胆子大起来，自己一人往前滑了起来。

妈妈紧张起来，因为小区对面是一个小型停车场。于是，妈妈朝孩子大喊："慢一点！"小女孩全神贯注地从路的一边滑向另一边，眼睛盯着路上的车辆。妈妈提高音量："慢一点！听到没有？"紧接着又重复一句："回答我，听到没有？"小女孩的滑行变得犹豫，她把脚撑到地上，站在路中央，朝妈妈看了一眼，回答："听到了！"

但这时，一辆汽车被孩子挡住前进的方向，车停了下来。

"我叫你慢一点！慢一点！就是不听！你给我回来！"小女孩站在路中央，一方面受惊吓一方面委屈。妈妈紧走两步，上前把女儿拎到对面。

然后这位妈妈指着孩子吼道："妈妈再强调一遍，慢一点！听到没有？"她怒火中烧的眼睛几乎贴到孩子脸上了。孩子往后让了让，带着哭腔回答："听到了！"

小女孩不敢再擅自行动，亦步亦趋地跟在妈妈后面。旁边的爸爸在路的另一边看着手机不知道这边发生的一切。

这就是我们很多家长和孩子在一起时的现状：说很多话，却一句也不在要点。总是表达情绪，没有指导，孩子从他们那儿感受到的只是掌控，没有实质性的帮助。

我身边有两个妈妈话特别多，多到只要身边有人，就一直说个不停的那种。后来，她们的孩子都很叛逆。

其中一个妈妈的儿子从小看着就很聪明，活泼好动，性格外向，综合能力很好。因为孩子们经常一起玩，这个妈妈也和我比较熟。跟孩子在一起的时候，她会不停地指导孩子，孩子画画，她会教他如何画更漂亮；孩子玩充气城堡，她会不停地叫孩子注意安全，不要碰到别的小朋友。

跟孩子说话的间隙她还跟我解释："男孩子太调皮了，得看着点，不能伤着别人家的孩子……"遇到好玩的，孩子抢着往前冲，她会拽住孩子，告诉孩子要谦让。她是想把孩子培养成一个懂礼貌的小绅士，但她说得太多，完全忽略了孩子的表达和想法；她用语言填满了她和孩子之间的空隙，孩子失去了自我探索的空间。

就连我这个大人，和这位妈妈在一起久了，都会觉得被填得满满的，会感到身心疲惫。

<u>母亲和孩子之间是讲究留白的。</u>留下一些空白，让孩子自己跟自己相处，让孩子有充裕的时间去做自己想做的事。在自己的世界里，他可以产生专注，甚至心流，从而学会探索和思考。话痨型妈妈在孩子成长过程中的摧毁性是看不见却真实存在的。

这个聪明的孩子四年级后就让妈妈很操心。妈妈说他"心思不在学习上""出各种幺蛾子""不省心"……高中勉强走了艺术路线，上了一所普通的学校。其实，以这个孩子的智商和聪明程度，完全能有更好的走向。可惜，他的智慧都耗在了反抗妈妈的唠叨上。

另一个女孩的妈妈也是话非常多。女孩在小学就表现出了不专注。但是女孩很聪明，五年级前上课都不怎么听，考前妈妈辅导一晚，孩子依然能考九十多分。妈妈一开始是得意的，觉得孩子智商在线，将来知道用功就会好的。

但这个孩子总是发呆，妈妈不提醒就不知道干什么。所以这个女孩的聪明，在初中以后就不管用了，初中学科变多，知识量变大，课堂上抓不住，课后是怎么补也补不上的……

美国心理学家迈克尔·汤姆森也遇到过这样的例子：幼儿园里一个 2 岁 8 个月大的孩子，胖，被动，不跟小朋友一起玩，总是坐着。一开始，大家都以为孩子智力有问题。结果去医院检查，发现这个孩子智力高于平均水平，语言发展也正常。但这个孩子的情感发展和动作发展非常滞后。后来，幼儿园让孩子的妈妈来陪孩子一起待了一个小时，并录下了妈妈和孩子在一起的每一个时刻。心理学家发现：这个妈妈跟孩子一起时，妈妈说的话占据了所有对话的 9/10。也就是妈妈说 9 句，孩子才有机会说 1 句。而且孩子说完，妈妈根本不去理解孩子，只是一个劲地哈哈笑，并空洞地夸孩子"聪明""世上最好的小喜剧演员"。这种情况下，孩子表现出妥协、被动、应付了事。

这就是唠叨的直升机式妈妈的可怕——直升机式妈妈是指那种随时盘旋在孩子上空，给孩子无数关照，不让孩子自我发展的妈妈。

可惜，妈妈们并不知道自己做错了，还认为自己在很辛苦、很努力地培养着孩子。所以，怎么删繁就简，让我们的语言简单有力，给孩子留白，给自己省力，是我们家长要学的。

倾听"障碍":父母的致命伤

◆ ◆ ◆

我的同事徐老师给我讲了一个真实事件。

一个初二的孩子总是跟别人打架,怎么教育也无济于事,于是,学校和家长商量让他回家休息一个月,与班上同学隔开一段时间,看会不会好一些。一个月后复学,他依然不停地和同学打架,甚至还因打保安被拉到了政教处。

政教处的徐老师对这个学生早有耳闻,他也知道,训斥一番、吓唬一通、写检讨书之类的教育方法对这个学生已经不管用了。这一次,他跟孩子父母约了面谈。孩子父亲特地从外地赶回来,一家三口在办公室门口,这个孩子依然是一脸的不服气。徐老师灵光乍现,忽然决定先好好听这个孩子说一说。

于是,他把孩子父母安排在等候室,让孩子先进来,谈谈事情始末。

孩子是这样复述整件事的：他被一个同学有意绊倒，同学不认账，旁边人起哄一起欺负他，他生气地拿一块石头要砸，保安看到打群架于是前来制止，一看是他，不管青红皂白就扭他的胳膊……他气急踢了保安一脚——最后就成了"他打保安"。

徐老师对孩子说："看来，打保安这件事只说你有错是冤枉的……"

话还没说完，男孩就掉眼泪了，说："他们一直欺负我……"

原来，他每次跟别人有矛盾，他妈妈都不分青红皂白直接揍他，而且经常在校门口当着很多同学的面揍他。至于他是否受了委屈、是否被别人欺负，他妈妈统统不管，只要他与同学有口角，他必定挨妈妈揍。

久而久之，同学们都知道了他有一个"不管他死活"的妈，就变着法儿来撩拨他，以逗他为乐，就为了看他被妈妈打的样子。很多人还合伙整他，故意在校门口跟他闹矛盾让他妈妈看到，然后看着他被妈妈暴揍……

他怎么解释他妈妈都觉得他是在强词夺理，而老师们也经常看到他在打别人，他觉得全世界都不帮他，只好自己奋力反抗。

没想到爱打架的孩子背后居然有这样的原因。徐老师把这个孩子的父母喊到办公室来。

徐老师告诉男孩父母:"妈妈经常不管孩子对错上手就揍,所以,孩子会特别委屈……"孩子父亲一脸蒙,孩子的母亲气得掉泪,说:"老师啊,他一天到晚在外打架,我不揍他我能拿他怎么办,跟您说实话,有几次因为他,我甚至都想轻生!"孩子的父亲说:"我在外地管不了家事,妈妈一个人带他……"孩子这个时候爆发了,他对着父亲吼起来:"你只知道她辛苦,你知道我多辛苦吗?班上同学都笑话我,都学她像疯子一样打我,甚至有人故意把我的书包扔进树林,就为了看她打我!你从来都不听我解释!你让我朝谁说!呜呜呜……"

这就是一个初二男孩成为"问题孩子"的原因:他的父母从来没想过认真听他说一句话,从来没有想过孩子打架也有他迫不得已的原因,从来没有站在孩子的立场去思考一下这个问题……在外被人欺负,回去是妈妈的打骂,两面受敌、四面楚歌,怎么可能不变成一个"问题孩子"?

其实,每个孩子在懂事之初都想做一个好孩子,都想做一个让父母高兴的孩子。随着年龄增长,他之所以开始做出一些令你失望的举动,多半是因为你让他失望了。他觉得自己没有人在乎,没有人爱,他开始自暴自弃,用桀骜不驯、满不在乎来伪装自己。因为他知道,没有人爱他,他只好用"不听话""不驯服"来保护自己。

上面那个男孩,在老师和爸妈面前吐了苦水后,有半年时间没有再与人打架。如果父母希望他的自制能延续更久,就需要定期听他倒倒苦水，希望他的父母能坚持去做。

不听孩子讲话，带来恶劣后果的例子还有很多。有一个妈妈发现初二的女儿谈恋爱，她想阻挠女儿，跟女儿认真谈过，女儿也同意断开。但班主任说女孩跟那个"学渣"男孩还是有来往。于是妈妈天天接送女儿上下学。这天放学，妈妈在校门口没见到女儿，就进校园找，发现女儿和那个男生正在操场散步。妈妈气急败坏上去训斥，男孩帮腔，妈妈更生气，打了女儿一耳光，女儿哭着跑回家，后来就再也不肯上学了。妈妈又急又悔，多方找人帮孩子心理辅导，我和她女儿沟通，原来那天她女儿是去跟男生说再见的，结果被妈妈一巴掌打得不愿再上学了。这是不尊重孩子、不倾听孩子和过于武断导致的恶果。

假如家长退一步让一步呢？假如家长不是那么强势呢？假如我们不是必须让孩子听我们的呢？太多的"假如"。世上没有后悔药，唯一能做的是以他人为鉴，有些事情输不起。

无论什么事，我们都应该听孩子讲一讲，孩子的一些行为让你很生气，但肯定有他的原因。与孩子顺畅地交流，就能把一些矛盾扼杀在萌芽中。

我们来看一个正面的例子，一位妈妈因为倾听孩子说话，从而让孩子重新认真学习。

有个女孩叫淼淼，读小学三年级。淼淼妈妈在父母学习小组，她告诉我，这段时间淼淼写作业很不认真，字写得有点飘了。妈妈忍住了没有训她，只是对她说，希望她认真对待每一份作业。

但是第二天，淼淼依然如此，50道计算，居然漏写了5道，被老师在群里点名批评。第三天，她便磨磨蹭蹭不愿写数学作业。

第四天，数学作业发下来，一道道红叉——淼淼以前作业几乎不错的。妈妈一看，火大了，狠狠打了淼淼屁股。

淼淼哭了起来。妈妈觉得自己太冲动了，去房间冷静了一会儿，调整好状态，出来跟淼淼道歉，说："你就是错得再多，妈妈都不应该打你，这是以大欺小，对你不尊重，妈妈应该好好跟你说的……"

然后她放下怀里9个月的二宝，抱着淼淼试着跟她谈心："妈妈看你这两周都不在状态，你能告诉妈妈是什么原因吗？这些日子你看起来心情也不怎么好。"

淼淼突然哭起来，告诉妈妈："老师不让我当班长了，我没对你说，怕你也伤心……"

听女儿这样一说，把妈妈心疼坏了：原来孩子揣着这么大的委屈却又不敢说出来，她才9岁啊！她觉得老师不喜欢她，所以她也不想写老师布置的作业，而我却打了她……

妈妈搂着孩子，自己也掉下了眼泪。

看到妈妈哭，淼淼赶紧拿纸给妈妈擦眼泪。妈妈更是后悔不已，再次郑重地道歉，和孩子一起想办法，换位思考，还一起细数了不当班长的好处……孩子的心结终于解开了。

第二天，孩子就恢复了认真写作业的状态。

认真听孩子讲话，找到孩子情绪的原因，帮孩子疏导情绪，这才是家长给孩子的好的教育。所以，和孩子在一起，不听孩子说话是大忌。倾听，永远是父母必须认真研习的课程。

无谓的担心：相当于在告诉孩子"你完了"

◆ ◆ ◆

还有一种对孩子伤害性特别大的讲话方式，那就是对孩子各种担心。

比如孩子想带玩具跟小朋友一起玩，很多家长会跟孩子说："你带过去可能会弄坏……"雨天玩水，家长会担心："玩水会受凉感冒……"这些是日常的小担心。

还有学业上的大担心：还未上学就担心孩子不听讲，看孩子活泼就认为他是多动症，孩子掰手指头算加减就认为孩子智力有问题……

墨菲定律最经典的一句话是："如果你担心某种情况发生，那么它就更有可能发生。"为什么会这样呢？因为父母的担心往往给孩子带来很大的压力，会让他逐渐失去信心。比如担心孩子一年级跟不上，就忙着让幼儿园的孩子学一年级的知识，让孩子觉得上一年级太难了，很害怕学习……反而让一个还没开始上学的孩子就倒在了起跑线上——如你所"愿"，孩子跟不上了——一个怕学习的孩子怎么可能跟得上呢？

还有的孩子能力强些，但也会通过另外一种途径逐渐跟不上了：他在幼儿园就把一年级课程学会了，上了一年级觉得没意思，发现不听讲也能考100分，养成了不听讲的习惯，二年级延续这样的习惯，渐渐就真的"跟不上了"……你看，孩子果然用两个渠道，朝家长担心的方向发展而去。

你担心什么，你的这种不自信也会传递给孩子：家长的担心，在孩子那边会无限放大，你的担心会成为孩子的恐惧。本来在孩子心目中家长是强大的，是无敌的，如果连爸爸妈妈都很担心，那说明事情非常严重，他就会愈加害怕你担心的东西。当他害怕的时候，他能战胜那个东西吗？不能，他会逃避！逃避恰恰就是失败的开端。

新进父母学习小组的橘子告诉我：她女儿一直害怕数学。六年级换了个数学老师，老师教得不错，孩子的数学成绩逐渐升上来了，考试基本都能在九十分以上。但孩子反而越来越紧张，害怕成绩掉下去又回到从前，所以每逢数学考试压力巨大，以至于吃不下饭睡不着觉。有一次数学考试，她甚至作弊了，偷偷抄课外资料上的答案，被老师发现了……

一个六年级的孩子这么担心数学成绩，必然有其背后的原因。

橘子坦言："老师，您说得太对了，压力就来自我对她数学成绩的担心……"

原来这位妈妈一直对孩子的数学非常担心。孩子爸爸当年高考数学没考好以至于没能考上好大学，这成了爸爸一辈子的心理阴影，这种阴影又影响到妈妈，然后他们不约而同地把这种害怕投射到了女儿身上。

女儿刚上幼儿园他们就时不时地对孩子说："你以后要认真思考、好好学数学，不要像爸爸那样，爸爸当年就是数学太差才考了个工学院……"如果孩子某道题做得慢一些，妈妈就特别焦急，又是讲解又是提问又是练习同类题，如临大敌。

因为妈妈的担心，让女儿背上了沉重的数学学习包袱。明明智力在线，但孩子总是害怕数学、担心数学。到了六年级，虽然数学成绩已经上来了，却还是害怕自己不行，以至于考试的时候，竟"铤而走险"抄答案……

我对橘子说："你要跟你女儿讲，即使数学不好，也不会完蛋！"我给橘子举了作家琼瑶的例子，"琼瑶数学只能考十几分，影响她成为'琼瑶'了吗？三毛也是啊，数学一塌糊涂，但她的文字多美！"

"更何况你孩子数学还没差到那个程度，就算真的那么差，也不影响孩子将来成功，你怕什么呢？"

"考不好也没关系！你真的要跟孩子说考不好也没关系！"

"你还要发自内心地去认为,一个人数学不好不代表他就不行。还有,考试成绩就该上下波动啊,好比一个人他蹲下来才能跳得更高。这次数学考得不好,就是蹲下来为下次考得好做一个准备。"

橘子按照我的方法给女儿减压,平时带着她就是脚踏实地地去复习错题。渐渐地,孩子不再惧怕数学了。

跟孩子相处的过程中,我们要以科学的态度来对待孩子。我们要知道,孩子的某些表现是正常的,是他发展的一个必经阶段,并不是笨或蠢。

皮亚杰认知发展理论把人的认知发展分为四个阶段:感知运算阶段、前运算阶段、具体运算阶段、形式运算阶段。对应到日常学习:低年龄段的孩子会对有大大的图片的书更感兴趣,平时看书,喜欢看画面不看文字。这就是认知方面的读图阶段,家长不必在此阶段怀疑自己的孩子是否有阅读障碍。

有些孩子处于前运算阶段到具体运算阶段:这个阶段的思维活动需要具体内容的支持,表现在计算方面,孩子会掰手指头算加减,有的孩子甚至会用上脚指头。很多大人往往会嘲笑此阶段的孩子笨,但其实笑孩子的大人才是无知的,因为孩子就处在需要依靠具体事物支撑计算的阶段,充分经历,反复锻炼,跨过去以后就是飞跃。如果你不能接受这个时期孩子的特点,孩子就会在计算问题上产生自卑,也许就倒在计算的坎上难以爬起来。

到十一二岁以后的形式运算阶段，儿童思维才发展到抽象逻辑推理水平。小学阶段的很多应用题，孩子凭空想不明白是正常的。如果想让孩子明白，父母就带着孩子去实地考察考察、实验实验，看一看做一做。这才是帮助孩子的方式，而不是一味把孩子押在书桌前对着书本学习。

你可以不知道这些心理学知识、发展学知识、生理学知识，但是你要相信自己的孩子是一个正常的孩子，不要总是担心他，不要总是以大人的水准来衡量孩子的一些能力。

有一位妈妈告诉我她很苦恼，她上一年级的孩子总在犯一些"低级错误"，为此，妈妈经常骂孩子，以至于孩子现在一写作业就很紧张。是一些什么"不该犯的低级错误"呢？我请妈妈把孩子的试卷拍给我，而拍给我的试卷上唯一的错误就是把"流水"写成了"流小"。这样"低级的错误"让妈妈认为孩子不用心，为此骂了孩子。孩子被骂得很害怕，承认自己粗心、不仔细、不用功——六七岁的孩子她只会顺着大人说自己有问题，她哪里会为自己辩解？

妈妈写了多年的"水"和"小"，对妈妈来说当然信手拈来，"水"和"小"的区别在妈妈头脑中已经建立了牢牢的条件反射，但对于一个刚学写字的孩子，她不容易分清这两者的区别，或者说平时分得清，考试一紧张又忘记了。如果对孩子们来说这样的字特别简单，那学校为什么拿来检测呢？学校会让六年级的孩子默写"水"吗？不就是因为对一年级的孩子来说，"流水"不简单才放到考题里面的吗？

所以，要把孩子当孩子。不要无知地以自己的水准来衡量孩子。

再者，我们不要被各种营销洗脑。很多机构就是靠找家长的"痛点"来做生意的。孩子还没学作文就有人告诉你，作文要提前学习，否则将来跟不上。卖小学课程的人会对你说：小学必须考100分，别看现在只是1分、2分的差距，到了初中高中这1分、2分就会变成大洞。教书法的人会告诉你，孩子要练字，否则试卷上明明写对也被老师判错……听得你焦虑异常。

我们来分析一下那个说"小学必须考100分"的机构工作人员。他声称自己是名校毕业，以他的学习经历，他不会不明白孩子学习过程中有错是正常的，随着孩子的成长，他小学时被扣的知识层面的1分、2分，到了初中孩子就完全懂了，根本不会变成大窟窿。那他为什么还要这么说呢？很显然，他要卖辅导小学生得100分的课程。某种层面上，他是在迎合家长"要孩子考100分"的心理。

所以，我们要理性地看待一些言论，不要人云亦云，更不要受人蛊惑。要坚定自己的信念，相信自己的孩子会往好处发展，遇到困难要明白成长就是带着孩子一起克服这些困难，这边走不了，走那边，只要我们家长不走死胡同，办法总比困难多。

第二章

父母必须知道的"亲子谈话五步法"

亲子谈话第一步：谈孩子感受

◆ ◆ ◆

为了让家长们好掌握，我把这种谈话模式分成了五步，大家照着去做，就能收到正面的沟通效果。

下面将展现详细的步骤，我尽量讲得详细可操作一些，可能有点偏理论，大家画下关键的一些话，去对孩子说出来，就会有效。

先说说亲子谈话五步法之前的准备。

工具的准备：我们需要准备一根发言棒。各种方便拿在手上的棍棒类的东西，父母学习小组里很多组员用一面带杆的小旗子、孩子的"仙女棒"、指黑板的"小手指"，甚至一支笔，大家就地取材，还可以自己动手做一个。在你找到的棍子上用标签纸贴上"发言棒"即可，谁发言谁拿着。"发言棒"三个字是对发言者的维护，也是对倾听者的提醒，提醒他不要插话。

我们还要准备一个记录本和一支笔，用来记录谈话内容。

另外，还要准备一个安静的场所。为了创造轻松愉悦的氛围，我们可以备一点零食，根据孩子的喜好，给孩子买一杯果汁或一杯牛奶，再来一些小点心。

一切准备就绪，我们现在开始。第一步是谈孩子感受。

大家根据自己的情况设定议题，可以是：放学回家是先做作业还是先玩；孩子想要买一双鞋先谈一下预算；老师说孩子上课讲话，孩子是不是有自己的原因等——你觉得孩子有待改善的问题都可以拿出来谈。一次最好只谈一件，不要贪多。

议题定好，爸爸妈妈进行开场白。开场白可以这样说：妈妈（爸爸）以前对你不够尊重，也从来没有仔细听过你的心声，没有关注你的需要和想法，从今天开始，妈妈决定改变和你相处的方式，做一个尊重孩子的妈妈……今天我决定用一个新的模式和你聊聊早上起床需不需要妈妈喊你的问题……你能帮助我做一个尊重孩子的妈妈吗？

妈妈语气诚恳，让孩子很乐意和妈妈谈一谈，因为你恳请他帮你"做一个尊重孩子的人"，有哪一个孩子不愿意帮妈妈呢？

如果前面的开场白你不好意思说出口，或者你害怕到时候发挥不佳，那么你可以用一句简单的问话开始——就某件事问问孩子的看法和想法。

可以这样问孩子："孩子，你最近上学总是迟到。我想听听你对这件事的看法和想法。"

"前两天老师说你上课不认真听讲，我想听听你的看法和想法。"

"你晚上睡觉很晚，我想听听你的看法和想法。"

"你不喜欢做英语作业，我想听听你的看法和想法。"

……

你递给他发言棒，承诺："你拿着发言棒说话，提醒妈妈不打断你、不指责你、不批评你，也不抢话、不解释、不争论，完完全全听你说。"

<u>我们的重中之重是先让孩子说感受。</u>

好，孩子开始发言了。这时做家长的有三个注意事项：

1. 用心、认真地倾听。 你关上手机，屏蔽打扰。用心地听孩子说话，不要东张西望，不要一会儿去厨房一会儿去客厅，你必须像开会那样认真听孩子讲话。

2. 用本子记下孩子讲述的重点。 像做会议记录一样，以此显示你对孩子说话内容的重视。诀窍：孩子说到情绪激动时，一般是重要内容。

3. 全程都不要插话。 顶多用"啊""哦""这样啊"来回应。孩子说到你做得不对的地方，你点头记录，千万不要忙着解释；

孩子表达了一个不好的愿望，你也不要忙着制止或指导。

倾听是后面几个步骤的地基，第一步做好了，后面几步的工作就能顺利开展下去。

下面我给大家说四个帮助家长倾听的技巧。

1. 要重视孩子的感受，感受比事情本身重要。

有一个五年级的孩子为自己的姓氏苦恼。他随爸爸姓"卞"，在学校被同学嘲笑是"大便"，所以每天回来都吵着要随妈妈姓"陈"，妈妈和他讲尽道理也没用。

我告诉这位妈妈，需要重视孩子的感受，孩子想改姓，可以满足他一下，比如在家就按照他的要求称呼。这位妈妈照做了，第二天，孩子画了一幅《跟妈妈风雨同舟》的画送给妈妈，表达自己感受到的温暖。

讲这个例子，就是告诉大家，一定要重视孩子的感受，他觉得开心那就是开心，觉得伤心那就是伤心，觉得为难那就是为难，你要重视起来，认真听他讲一讲，而不要觉得是小事一桩、不值一提。你漠视的态度，会让孩子变本加厉地"纠缠"你。很多时候孩子"无理纠缠"，是因为他觉得你没有"听到"他说什么，他只好一遍又一遍重复。家长用心倾听，真的很重要。

2. 要尊重孩子眼中的现实。

孩子认为自己应该好好洗个澡，那你就尊重他想做的事，孩子的确以此为乐，你就不要觉得他在浪费时间，反而应该想："孩子喜欢的事对他会更有益，磨刀不误砍柴工……"孩子觉得那个朋友是他的知己，那你就要尊重他，不要觉得"那个孩子学习不好，会把儿子拉下水"，你应该这样想："那个孩子身上必然有值得学习的闪光之处。"

3. 表现出共情。

什么是共情？共情就是发自内心地和孩子共同伤心、共同难过、共同喜悦。在孩子向你倾诉的时候，你仔细地观察孩子的表情，感受孩子的情绪，真诚地领会他话语背后的意思，还可以把自己想象成孩子本人，和他一起经历他讲述的事情……你真的这样用心，你的表情就会表现出共情，孩子会更愿意说，而且还能因为倾诉充分，心里的郁闷得到了治愈。

共情很重要。后面我们会专门讲如何和孩子共情。

如果在这个环节里，孩子希望你对他讲述的事情有回应，那么我们怎么用言语共情呢？简单说，就是说出孩子的心情。比如，当孩子说他没拿到奖，你要说："你练了那么久，却没有拿奖，真的很难过。"而不要说："没关系，下次努力。"更不该是："你肯定没用心，不然怎么拿不到奖？"

如果你不会说共情的话，我要提醒你，不说话为上策，这个时候沉默就是对孩子的支持——以往他说自己的烦恼，你都会讲很多道理，在孩子眼里讲道理就是责备，今天妈妈没有"责备"他，不就是支持吗？

如果必须说话而你又实在不知道怎么共情，那重复孩子的话就可以了，并在重复的话前面加上"你觉得"。譬如，孩子说："那个老师很讨厌，有同学恶作剧把黑板上布置的作业擦了一部分导致我没做全，他不怪恶作剧的人，反而怪我！真不靠谱！"你就重复："你觉得那个老师讨厌。"孩子说："老师讲的我都会，听他的课没意思！"你这样重复："你觉得听老师讲课没意思。"

4. 要有好奇心。

孩子说完停下来的时候，你可以问问：还有其他的吗？孩子说某某同学怎么样，你问他："后来呢？"表现出对孩子说的事情很感兴趣的样子，促进孩子再讲一讲。

以上几点就是帮助家长倾听孩子的技巧。

还有一种情况，那就是亲子谈话五步法的准备工作已经做得很充分了，你也决定改变自己，你兴冲冲地进行了开场白，但是，当你问孩子想法，孩子却什么也不说……

孩子不说话，说明你平时对孩子指令太多，很少和孩子心平气和地这样谈，孩子不习惯在你面前畅所欲言。你突然这样显得有点假，孩子并不信任你，所以，孩子会出现懒得开口的情形。

补救方法是，真诚地向孩子道歉："以前妈妈总是一言堂，搞得你很不开心，妈妈今天开始决定改变自己，希望你能帮助我。"

语气平和，真心实意。

我们永远要记住：我们是来修补亲子关系的，不是来急躁的。

这个时候，快就是慢，慢就是快。一定要耐住性子。如果孩子不接受你的道歉，你表示遗憾，跟他说，下次我们再找时间沟通。

如果你真诚道歉后，孩子还是不知道该说什么，你可以说："你想起来的时候，就来找妈妈，妈妈随时欢迎你。"

总之，你要用态度给孩子表明：妈妈真的在改变，你看吧。

父母学习小组的组员小敏告诉我，在和孩子约定看电视30分钟就要关后，孩子遵守了约定，但明显有情绪，继续跟孩子谈下面读什么书的时候，孩子不乐意了，说当天不想读书。妈妈问孩子："是不是因为今天太累了？"孩子说："不知道。"看到孩子这样，妈妈也有点生气，随口嘀咕了一句："你怎么什么都不知道？"

孩子听到这话就开始哭。妈妈平息了一下自己，问孩子："是不是妈妈以前没有注意你的感受？妈妈现在想变好，你能帮助妈妈吗？"孩子嘀咕了一句："你想变好你自己变呗，还要人帮，我今天就是不想读书。"看到孩子情绪很大，妈妈就退了一步："那现在咱们不谈这件事，等你有想法的时候随时来跟妈妈说。"

事实证明，妈妈的退让是对的，因为第二天孩子就开始跟妈妈讨论什么时间读书，读什么书了。

假如你前面都做了，孩子还是不知道怎么谈自己的感受，这种情况也是存在的，因为这么多年，孩子谈自己感受的能力并没有被你培养起来。我们可以试着去猜一猜孩子的想法。你的孩子你了解，猜一猜总有猜中的时候。

对于不愿意做作业的孩子，你猜："你觉得作业很无聊，做得快睡着了，所以你不想写作业，觉得擦橡皮更有意思，是吗？"

对于晚上洗澡洗很长时间的孩子："晚上洗澡时间是你最享受的时间，所以你想好好洗，是吗？"

对于总是玩游戏而忘记写作业的孩子："手机里的游戏特别好玩，所以不知不觉就把作业忘了，是吗？其实你自己也不想这样，只是游戏太吸引人了……"

你猜中了孩子的心事，孩子的话匣子就会被打开，这时候，你把发言棒交给他，告诉孩子他可以畅所欲言。

也有的孩子在你猜的过程中，说："不！不是这样的！是因为……"那你正好把发言棒交给他，让他好好说一说。

亲子谈话第二步：谈家长感受

◆ ◆ ◆

孩子对事情（你们探讨的这个议题）发表完意见，我们就可以进入第二步：谈家长的感受。

"谈家长感受"就是说出你对眼前这件事的看法。这一步，我一般不愁大家不会，因为说自己感受是每个家长的强项。平时我们跟孩子讲得最多的就是自己的看法、自己的理解、自己的指导、自己的道理，甚至因为谈得太多而让孩子不胜其烦。

这一步，我觉得不需要我长篇大论告诉你们怎么说，每个父母都是天然的能谈感受的演讲家，我只怕你们谈起来滔滔不绝……所以要送两个关键点给你们。

第一，在谈自己感受前，先实施两个技巧。

技巧1：先跟孩子达成协议，让他不要打断你说话。你可以这样跟孩子说："爸爸（妈妈）刚才认真听你讲了，现在你也听我说一说我的想法好吗？就像我刚才听你说的那样，你不插话，最多用'嗯''啊''原来这样'来回应，好不好？"

这个约定，引导孩子不回嘴、不顶嘴、不反驳、学会倾听。因为有你之前的榜样作用，孩子一般会乐意执行。即使孩子没做到，你也不要着急，当孩子忍不住插话的时候，你用心倾听并等待一下，然后笑眯眯地说："嘘，听妈妈讲完，别着急，后面还有你讲话的时间。"

技巧2：在真正谈自己看法之前，先总结一下孩子刚刚讲述的重点内容。其实你刚才已经记在记录本上了，你现在读出来就可以，会让孩子很高兴，觉得被爸爸妈妈充分尊重了。

第二，在谈话内容上也有技巧。

技巧1：只谈自己感受，不要进行人身攻击。就事论事，不翻旧账，不攻击孩子。比如，谈学习态度要改正，你就谈你担心他考不好影响信心；谈孩子磨蹭拖拉不睡觉，你就说你担心他睡迟了对身体不好；怕孩子沉溺于手机影响身心健康，就说你担心他的身体健康害怕他上瘾……只说你的担心，绝不攻击他"不守时""不负责""不自律"，不说那些伤人的话。

技巧2：言简意赅，不要长篇大论太过啰唆。我们说自己的感受是为了引起孩子重视、引导孩子就自己的事进行思考；表达我们的担忧，是为了向孩子袒露心迹，让对方懂你。另外，我们的感受也起到承上启下的作用，促进下一个环节的开展，所以我们时刻紧贴主题，不要成为个人的吐槽大会。一些旁枝末节的东西就不要去说了。表达完你的意思后，就顺利进入下一个环节。

很多爸爸妈妈在实施亲子谈话五步法过程中都做到了机智和灵活，他们在实践中勤思考，出现了很多"灵感乍现"。

比如，朱朱妈妈告诉我，有一个周末，她跟二年级的朱朱用亲子谈话五步法总结这周的进步和有待改进的地方。谈到最近生字词总是错，孩子说："新换的语文老师经常没教完生字就让抄写了，以至于我不太熟悉那些字。"听了孩子的话，妈妈接口道："原来这样啊，那我们该怎么办呢？"朱朱像个小大人似的说："以后我预习的时候要加强生字预习，不仅要查字典，知道生字怎么读，而且要争取提前会写，这样老师上课就相当于帮我复习了一遍！"朱朱妈妈实施的是亲子谈话五步法小循环，她的感受仅仅是这句话："原来这样啊。"既充分共情，又无缝隙地进入下一个环节："那怎么办呢？"既没有打断孩子思路，又顺理成章引导孩子自己想办法。

亲子谈话五步法是以孩子为主的，家长在旁边打辅助，既有点像副驾驶，又有点像说相声的捧哏者，一切都是为了促进孩子自己去掌控。

再看小宝妈妈跟小宝进行的亲子谈话五步法。妈妈收到老师拍的小宝的课桌斗里乱七八糟的照片，放学回来后，妈妈是这样跟儿子说的："小宝，妈妈这边收到老师发来的照片，想请你帮忙分析一下。"孩子一看就明白了，说："妈妈，这是我的课桌，我今天放学已经都收拾完了。"

妈妈说："那你帮忙分析分析原因呢！"

小宝说："原因就是我下课后跟同学聊天没顾得上收拾，晚上放学时着急排队又来不及收拾！"

妈妈接着问："那你能想出解决方案吗？"

小宝说："以后红领巾摘下来不放桌斗，而是直接放进书包。每天中午的休息时间检查课桌和地面，放学前再次检查一下！"

妈妈说："你的分析和方案都挺好的！那么有时候你记不住需要请老师提醒一下吗？"

小宝说："不要的！你帮我写个纸条贴在我书包内层，这样我打开书包就能看见了！"

妈妈说："你这想法太棒了！"

孩子想了想又说："妈妈你帮我再买两个挂钩吧，我可以把书包和球什么的挂起来，这样就不会乱了。"

小宝妈妈和孩子沟通很有技巧，她没有直接提出问题，甚至也没有谈自己的感受。她把自己的感受隐藏在事情之后，看起来似乎没有感受，但其实用提问和谈话的方式，让孩子知道了自己需要解决的问题，并且用提问的方式，让孩子自己想到了解决办法。

小宝妈妈还巧妙地把自己的感受化为对孩子的肯定：一是肯定孩子的分析很有道理，二是肯定孩子的解决方案很棒，对孩子提出的贴纸条和买挂钩的办法也大加赞扬。用这样的方式让孩子自己的事情自己解决，发挥了孩子的积极主动性。

所以，在亲子谈话五步法中，父母将感受化为无形是帮助孩子的最高段位。

亲子谈话第三步：头脑风暴

◆ ◆ ◆

孩子谈过感受了，父母也谈过感受了，那么下一步就是将双方的感受整合，商量出一条大家都同意的解决方案。

这个方案不是仅听孩子的，也不是仅听父母的，而是根据父母和孩子双方的意见，找到一条大家都认可的道路，也就是这条路既不是孩子要走的 A 道路，也不是父母要走的 B 道路，而是一条大家都觉得可取的中间道路 C。

怎么才能走到 C 道路上呢？可以用到亲子谈话五步法的第三步：头脑风暴。什么是头脑风暴？就是每个人都谈谈解决某件事的方法和途径，主意越多越好，一个人可以想 10 条、20 条，甚至更多。头脑风暴能锻炼孩子的思维，激发孩子的创造力，同时也让事情变得有趣，孩子会乐在其中，会让孩子对自己的事拥有掌控感。

美国心理学家迈克尔·汤普森在《养育男孩》这本书中说道："青少年最高兴的时刻就是当他们感到掌控形势，最不高兴的时刻就是他们觉得自己无法掌控形势。这就是为什么他们会那么跟父母生气，他们觉得父母太压制自己了，所以他们更愿意跟朋友们待在一起，这时他们才会感到平等和尊重。"

其实，不仅仅青少年时期，在孩子15个月大的时候，他就想要自己做一些事情。随着自我意识的逐步建立，2岁的时候，孩子会有一个第一反抗期，或者说第一叛逆期，这个时期的孩子都希望自己做主，拥有掌控感，比如自己摁电梯，自己吃饭，如果别人代劳他就很恼火。2岁幼儿尚且如此，上了小学和中学的大孩子就更加希望自己能做主了。

很多父母带着孩子第一次用亲子谈话五步法就效果显著，各个年龄阶段的孩子用这个方法谈话效果都很好。之所以有效，就是因为这个方法一改往常的总是要求孩子听命于父母的模式，让孩子参与和做主这个模式太新奇也让孩子有主人翁意识了。当家做主的感觉，对孩子来说超级棒！

下面正式进入第三步：头脑风暴。方式就是：大家拿着发言棒依次说出自己的办法。如果是多人，就聚在一起进行头脑风暴，兄弟姐妹的办法还会激发其他孩子，他们会积极等待发言棒的到来，迫不及待地分享自己刚想到的好点子。

无论好点子还是"坏点子"，大人都不要评价，统统用纸和笔写下来。请记录员耐心记录，不做评价，只做一台记录的

"机器"。

父母们应该有心理准备：孩子们想到的办法不一定靠谱，比如洗澡洗很久这件事，孩子的办法也许是"你由着我洗澡，不要唠叨我"。玩手机这件事，孩子的办法是"你让我尽情地玩手机，直到我玩够"或者是"等我玩够了再写作业"诸如此类，你尽管督促记录员认真写下来，边记还要边问："还有其他办法吗？"

这个过程就是孩子积极思考的过程，有什么比孩子积极思考更令人高兴的呢？思考的人生才会是充满生机的人生，当一个孩子积极思考，他的学习或生活才能慢慢"开挂"。

看到父母这么接纳他的办法，孩子说着说着就开始靠谱了，因为他觉得妈妈开这个会，是真的打算解决问题而不是为了训他，他就不需要把精力放在让你不舒服或者争取自由上，他开始思考：我的想法是不是真的切实可行？我的想法是不是真的能解决问题？

于是，他想出了其他可行的方法，比如"洗澡的时候我带个闹钟进卫生间""我写完作业再玩手机吧"诸如此类的。

你依然不说这些点子好或不好，依然不评价，继续用心地听和写，用倾听的方式帮你的孩子厘清思路。

等孩子实在想不出办法了，你就拿过发言棒开始说你的想法了。

你的想法也许是"晚上不洗澡""不碰手机"这样的，让孩子觉得很抓狂。你笑眯眯地跟他说:"儿子,我们只是在做头脑风暴,我刚才不评价你的策略,你现在也不评价我的好吗?先把这些写下来,这不是最后的定稿,后面还需要我们再商量呢。"

如果孩子在前一步自己谈办法的时候,比较"轴",方法特别叛逆,那么这个时候你可以"以毒攻毒",也说一些他做不到的办法。

比如洗澡这件事,孩子的办法是:"你先去睡觉,不要管我怎么洗,哪怕我洗一夜。"那么你现在的办法可以是:"放学回来后比赛背诗,你输了就不许洗澡。"如果孩子因为背诗总是背不过你,而不同意这个提议,想等你说完,好抢过发言棒。你更不要着急,尽管说你的各种办法,然后记到本子上,这个过程也是帮孩子磨心性,让他学会倾听。大人的办法和他自己的办法在头脑里打会儿架也有利于他后面做出让步。

之后大人再示范性地说一些大家都能接受的折中的办法。

这个过程,你不仅仅是在谈判,还在给孩子做演示,演示妈妈怎样从不讲理逐步讲理,或者从讲理逐步不讲理的。总之,幽默风趣搞笑一点,放轻松,你们是在亲子交流,并不是真正的谈判。越轻松越有助于事情解决。

其实,将头脑风暴的方法真正用起来,你就会发现这是一个集思广益的做法,是全体家庭成员智慧的碰撞,是每个人对家庭做出贡献的一个机会。

如果父母从来不用头脑风暴，只是自己在头脑里规划，那么路将会越走越窄。要么是自己的创意和办法有限，要么是孩子总是被动接受，再好的方法执行起来也会大打折扣。

我们在生活中要多多用头脑风暴，习惯去用头脑风暴。哪怕只用亲子谈话五步法中的头脑风暴这一步，也会让你的家庭受益无穷，会让你的孩子活力倍增。

举个例子吧，父母学习小组的琴曾经特别苦恼自己的孩子是走读还是住校。她有两个孩子，因为无法兼顾，只好让读初一的哥哥住校，哥哥也很不开心，想走读。但如果哥哥不住校，单趟10公里，她要忙工作，兼顾两个孩子接送根本不可能。每次周末哥哥回来都很难过，妈妈看了很心疼，每天都在煎熬，觉得对不起哥哥。真是为难死了。

后来，我建议他们用亲子谈话五步法，集全家之力开展亲子谈话五步法形式下的家庭会议，四口人一起坐下来进行头脑风暴。最终，他们找到了一个好方法。那就是哥哥一个同学的爸爸开网约车，每天都接自己孩子回来，两家同一小区。哥哥主动说："我去问问同学，可不可以跟他爸爸车回家？"最终结果是：哥哥天天乘同学爸爸的车回家，同学一家也很高兴，因为两个孩子商量着每天在车上把当天背诵的课文一起背了。

多好的决策啊！

如果不是爸爸妈妈和孩子一起坐下来商量，孩子永远也不会积极主动地去想到自己有个同小区的同学，他也许只会不停地抱怨父母把自己扔在学校不管不顾，根本不会去想自己也可以找同学帮忙。这就是头脑风暴的作用。

我曾经也听过这样一个故事：一位女性得了绝症，丈夫在她治疗的关键时刻和她离了婚，并且不要孩子。这位女性在去世之前，把孩子托付给姐姐。姐姐用妹妹去世后的保险补偿金 60 万元供外甥女读书。姐姐的两个儿子上的普通学校，给妹妹孩子选的是最好的住校民办学校。为了弥补外甥女，周末的时候把两个儿子送去外公外婆家，让这个外甥女回来和他们一起过周末。总之想尽一切办法补偿这个孩子、关照这个孩子。但是，高二的时候，外甥女学不下去，联合自己的爸爸状告姨妈一家，说他们虐待她，想要回她妈妈遗留下来的 60 万元。但其实这 60 万元已经给孩子择校花光了。姨妈伤心欲绝，觉得自己一腔苦心都付之东流，简直是养了个白眼狼。

我一方面同情这位姨妈，另一方面觉得她的决策都是单方面的，如果她能懂得一点亲子谈话五步法，在每一个人生选择的路口都用五步法和孩子谈一谈，如果每一种两难的安排，都和家里人包括外甥女去进行头脑风暴，让外甥女对所有有关自己的事情都能参与抉择，我想最终的结果不会是这样的。哪怕依然是学不进去，她也不会去告姨妈擅自用她妈妈遗留下来的钱。

这就是养育孩子过程中头脑风暴的重要性：<u>让孩子参与，激发孩子思维，鼓励孩子表达，提升孩子的决策能力，让孩子积极主动地面对自己的人生。</u>

亲子谈话第四步：讨论策略

◆ ◆ ◆

头脑风暴完成后，我们就进入到第四步：讨论策略。就是大家一起讨论一下记录在本子上的所有方法。

要逐条讨论，不要担心浪费时间，要知道磨刀不误砍柴工，现在讨论得越充分越彻底，孩子就越服气，后面执行就越到位。这是我常常对大家说的"慢就是快、快就是慢"，现在看起来慢，实质是在扎根和做充分的准备，一旦根扎稳了、准备充足、步入正轨，那么后面就能快速进入轨道，再也不需大动干戈地去制订政策了。

一定要有耐心和恒心，要记住我们和孩子在一起的每一个举动都是给他做示范，都会影响孩子将来的做事风格以及和别人相处的模式。所以，和孩子在一起千万不要急于求成。

为了公平起见，我们可以先讨论一条孩子提出的办法，再讨论一条大人的，间隔着来。

为了起带头作用，你可以先讨论大人那条"不靠谱的"办法。你可以说："来，看看妈妈的这个办法：'晚上不洗澡……'"孩子可能会说："老妈，你有没有搞错，我怎么能不洗澡！那会让我很难受的，不同意！"

好，你毫不犹豫地在那一条上面打个大大的"×"。这个"×"真正的目的是给孩子做示范，让他知道，只要有人不同意，那条策略就"永不录用"，你这样做是为了让他看看讨论的执行力以及公平。

那么下一条，是孩子的办法"你由着我洗澡，不唠叨"，再打×，孩子也不会有意见。

对于还需要再斟酌的一些策略，就像挑商品一样，不确定是留还是去，那就在后面画上圈，表示留待察看。

一条一条看下去，总有你们双方都能接受的办法，可以放心地在后面打勾。

可能会有好几条双方都满意的策略，那么再优中选优。我建议你选孩子给出的那一条，因为这是孩子的事，让他做主他会很满意，也是为了后面易于执行——自己想的办法，他不大好意思食言。

如果没有一条策略彼此都满意怎么办？

暂停一会儿，喝口水，跟孩子说别急。咱们再一起想一想其他办法。

要记住：A道路和B道路之间永远有一条中间道路C，只是暂时没找到而已，你们需要用心加耐心，继续探讨和寻找。

比如一个家庭，也是住校问题：孩子不想住校，而妈妈没有时间接送。后来，妈妈听了我的话，相信必定有第三条路，于是带着全家开了个家庭会议，大家一起商量后发现居然有很多方法，最后的方案是：在学校附近租房子。这样，妈妈不需要接送孩子，孩子也不需要住校。这就是中间道路。

有关玩手机的问题，你们的中间道路也许是：先玩半小时手机，然后手机交给妈妈，孩子去专心做作业。

当然在玩手机时长问题上，你和孩子很难达成一致，因为孩子总是想长时间地玩，而爸妈恨不得孩子不玩。这时候的讨论有点像菜市场里的讨价还价，孩子说："我要玩1个小时。"你说："不，20分钟，不能再多了！"孩子说："40分钟！"你说："30分钟。"孩子说："40分钟！"你说："20分钟，我还是觉得30分钟有点多……"孩子见形势不好，赶紧说："那就30分钟吧。"你见好就收："成交！"

提醒大家的是：有关时间的问题，做家长的一定要设一个时间节点。也就是不仅谈妥每天30分钟玩手机的时间，而且要敲定，这30分钟是从几点到几点。比如说玩30分钟手机，那么你一定要跟孩子达成这样的协议：在5：00—5：30玩手机，5：30交手机，至于"因为事情耽误了没玩"，规定是："不补，你自己下次注意。"这就避免孩子耍小聪明钻空子。记住：这个时间点也不是强行制定的，是征得孩子同意的，不同意的话，继续就细节进行商讨，直至同意。

就这样事无巨细，让你们策略的可执行度非常高。

有人会说："如果我忘记细致化了，协议有漏洞怎么办？"没关系啊，找机会和孩子再次坐下来聊那个你认为不妥的漏洞，还是用亲子谈话五步法来进行。

需要提醒大家的是：讨论协议不适合在情绪激动的时候进行。

某天晚上，父母学习小组组员妮子夏丹在群里反馈了自己二年级的儿子不想上武术课外班的问题。孩子听说武术课外班还有20节课，很崩溃，说最多只能坚持5节课，后面看到妈妈退让，又反悔说最多只能再坚持3节课，最后说只能上1节课了。妈妈不同意他就一直哭。

在孩子情绪激动的情况下，谈判是没有用的。你跟他谈判他就跟你胡搅蛮缠，你保持理智，他却哇哇大哭个不停。孩子的爸爸恨不得一巴掌扇过去，老人也觉得妈妈太纵容了。二年级的儿子这时候只想表达第二天的担忧，并不想谈判，你跟他谈策略他就觉得你没有听到他的心声。这个时候抱抱孩子，说出他内心的担忧比谈判更能抚慰到他。

为什么会出现妈妈不发火，孩子就变本加厉闹腾的情况呢？

因为他觉得在你这边是安全的，所以他就尽情地释放自己，显得不讲道理。

这个时候，我们其实应该容忍孩子，给他一个安全发泄的时间和空间。让他觉得在妈妈这边怎么退缩和懦弱都是可以的，都是会被无条件接受的。

越被包容的孩子，越能迅速恢复心力，因为他内心深藏着来自母亲的爱的力量，能迅速恢复心力的孩子就能在关键时刻表现出该有的勇敢和果断。

我给夏丹讲了谷爱凌的故事。我看过谷爱凌的纪录片，在她十来岁的时候，有一次喉咙发炎，她哭得稀里哗啦，表现得特别娇气。而妈妈谷燕没有教孩子勇敢、坚强，反而是把孩子搂在怀里，柔声抚慰，允许孩子哭得稀里哗啦。

这个时候的孩子特别需要一个温暖的怀抱，她需要怀抱的时候你就要给予。你给了，孩子就得到满足，并在心里定性了一个安全的港湾，再走出去就充满了勇气。

所以谷妈妈这样的做法造就了谷爱凌在2022北京冬奥会上，选择了空前的难度，一举夺冠。赛场上，她英姿勃发、果断坚毅大胆，表现出一个运动员该有的样子。跟当初躲在妈妈怀里哭泣的小女孩判若两人。谷爱凌人前成功跟妈妈人后的包容是分不开的。

所以，妮子夏丹跟孩子讨论要不要去上武术课外班的时候，不应该去讨论事情，而应该把重点放在抚慰孩子的情绪上。

情绪要怎么关注？用我讲过的共情。顺着孩子的话去讲："你觉得很难！""原来这些天，你这么辛苦。""觉得好难熬啊！""真的不想上呢……"

顺着孩子说的这些话，孩子的情绪就得到抚慰了。让事情缓一缓，第二天再做决定。等孩子缓过来以后，就会又想去上课了。

果然如我所说，第二天孩子高高兴兴地去上武术课了，对前一晚的事，孩子只字未提。

所以孩子有情绪的时候不适合谈判，谈判是在孩子理智、平静、合作的状态中，才能很好进行下去的环节。

另外，在讨论策略这个环节，父母要做到温和而坚定。温和，是指多考虑孩子的感受，如果什么事总是偏向于父母的策略，那么就违背了亲子谈话五步法的初衷。当然，也不能完全被孩子牵着鼻子走，该保持住父母的权威，对于不认可的事情，立场鲜明、态度坚定，让孩子知道你的界限。父母对孩子的教育和养育，有点类似给孩子画了个大大的边界，在边界范围内孩子可以尽情活动。温和而坚定是给孩子自由，同时也确保孩子安全。

我希望家长们细细体味这个词组的意思，勤加揣摩，多加练习，让亲子讨论在严和慈的动态平衡之间恣意发挥，让孩子快乐、安全而又积极地去做自己的决策。

亲子谈话第五步：达成协议并执行

◆ ◆ ◆

前面我们和孩子把策略都一一过堂，去掉了那些不赞同的，留下有待商榷的，最后再斟酌挑出大家都赞同的，定下执行方案。

定好方案，就和孩子一起拟定一个协议，如标题可以列为，关于×××的协议（条约）或×××规定……甚至还可以写得活泼一点。有一次我和女儿在亲子谈话五步法后签订的协议题目叫《亭亭玉立实施大法》，因为内容是商量她锻炼事宜的，所以我就把"亭亭玉立"这个美好的词放在了标题里。

标题下写具体内容，尽量完备一点。写完，右下角双方签字。

然后张贴到每个人都能看到的地方，便于执行。

这一切做完，要谢谢孩子愿意跟你一起坐下来聊这个话题。

跟孩子这样做总结:"妈妈今天和你尝试了一种全新的沟通方式。这个过程,我看到你的配合、克制、灵活以及探讨的能力。我们彼此都没有吼叫,妈妈发现了一个全新的自己,也对你另眼相待,孩子,感谢你给我这个机会。"

文豪妈妈收到老师的短信,说文豪课堂练习错得很多,说明孩子上课效率不高。于是文豪妈妈就用亲子谈话五步法和文豪谈了上课认真听讲的问题。谈完以后签订了以下应对措施:

1. 积极举手发言,避免走神。

2. 同学回答问题时,用心倾听,看看和自己的答案是否有区别。

3. 遇到不会的问题勇敢问老师,问一次,妈妈就奖励一元钱。

4. 做作业时不和同桌说话。

5. 每天回来做小老师,把上课的内容讲给爸妈听。坚持一周就奖励一本课外书。

6. 妈妈管作业时不发火,做不到就罚妈妈多买课外书。

最后一条是针对妈妈的条款。

签订的协议是小朋友写的。尽管协议不完美,但这个商量的过程让二年级的小朋友得到了一次很好的锻炼。以后在学校要组织团体活动的时候,这次谈话经历,也许能帮到文豪小朋友。大家多跟孩子进行一些事情的商榷和规矩的制订,让他们经历多维度的成长。

经过前面深入的谈话和讨论，后面的执行会更容易一些，因为你们是在执行一个规定，并不是执行家长的指令或命令；你们执行的是家庭的一个协议，并不是臣服于家长的权威。这会让孩子心里服气，更愿意遵守。

以防万一，可以问问孩子："人总是容易走老路，这再正常不过了，妈妈也是如此。以上规定，假如有一天你忘了，需要我提醒吗？建议我用什么方式提醒？"再一起商量好你们的提醒方式。

另外，协议制订了难执行怎么办？

很多家长都有这样的苦恼，那就是协议制订的时候，孩子们都很积极，但执行却非常困难，定规矩的时候恨不得海誓山盟，执行规矩的时候各种抵赖反悔，遇到这种情况该怎么办呢？

协助孩子执行协议也有技巧，下面我来教你们方法，能让你们不吵架，也能把协议执行下去，这个方法分四步，我称之为"坚持到底四步走"。

我曾经用一个小短剧演绎了这种执行方法，大家都觉得很受用，并且很多孩子真的能做到。到底是怎样的四步，下面我来情景模拟一下。

当你和孩子约定的时间到了，孩子却并不去执行，你该怎么办呢？比如你们在规定里说了："每天看半小时电视，关电视时间是晚上 6：30。"现在，6：30 到了，孩子却没有关电视的打算，你该怎么做？

请你一定要控制住心头快要喷发的怒火，我知道，对于家长来说这很难，因为花了那么长时间跟孩子谈看电视的事，该耐心的时候耐心、该倾听的时候倾听，倾注了大量的热情和情感，你觉得到第二天应该是你收获的时刻，可孩子却表现得和往常一样，你怎么可能不恼火？但万里长征你走完了一大半，如果在这一阶段绷不住，你的"万里长征"就要从头再来，功亏一篑了，不划算，还不如忍一忍，忍了之后就会有更大的收获！

再从孩子那方面想，一个人改毛病不会那么顺利。孩子从响当当的誓言到真正执行，他也需要时间适应，一开始出现困难，那是生命运动的常态，因为惯性使然嘛，万事开头难，再说，如果他说到做到，那么他也不是个孩子了。

做完这些心理建设，审时度势，你大概率不会发火了。好，深呼吸，告诉自己不要发火，并且你做到了。

时钟已经指向了晚上的 6∶30，这时你和以往不同，你不发火、不唠叨、不训斥，而是用平静的语气对孩子说："已经 6∶30 了，是我们约定的关电视时间，请你关了，好吗？"（划重点，这句话要背下来！这是第一步。）

很多孩子尽管不情愿，但看爸爸或妈妈态度温和，也就关了电视了。还有的妈妈告诉我，孩子还不想关，但是妈妈指指墙上的协议，他也只好关了。

如果是这样，说明孩子的克制力较强，他愿意克服内心的不情愿，在妈妈面前做一个守信用的人，所以你一定要加一句："谢谢你遵守我们的约定！"正向鼓励，给孩子贴好标签，表示看到他的努力，用这句话换来孩子下次的继续遵守。

也有一部分孩子习惯了和父母进行拉锯战：家长要他关电视、他不关，家长来关、他抢夺遥控器，家长发火了、他只好关……所以他会跟你虚晃一枪，说："再看五分钟！"或者会说："把这一集看完。"

你千万不要像以往那样，真的相信他。而是走过去站在他旁边，问他："我们的约定是什么？"（这句话依然要背下来，这是第二步。）

很多孩子因为这句提醒而不耐烦地关了电视，嘴里抱怨着去做正事了。那么你也加一句："谢谢你遵守我们的约定！"

还有一部分孩子，你两步走完了，他还是不买账，依然继续看电视。这时，你执行第三步，走到他旁边，盯着他，用无声的等待去笼罩他。无声给孩子带来的压迫感胜过有声，他不知道你葫芦里卖的什么药。他害怕你有"坏"主意，他看得不爽；你还在继续盯，他开始坐立不安；看了一会儿，发现你还在盯着，唉，还不如不看，于是把遥控器一甩，嘟嘟囔囔地走了。

那么你依然要不慌不忙地加一句："谢谢你遵守我们的约定！"

对，"谢谢你遵守我们的约定"这句话就是第四步。大家要背下来。一定会用上！

还有极少一部分孩子仍没关电视。那么你就代劳，帮他把电视关了，无论孩子多么抓狂。他大声表示抗议，声泪俱下，甚至撒泼打滚……由他去，跟他共情："我知道你很难过，我知道你还想继续看，可是我们在执行我们的规矩。"孩子可能会说："什么破规矩？你烦死了！呜呜呜……"但最终他依然会接受这个现实。

等孩子平静下来，再去和他用小的五步法谈一谈。问问他之前定的规矩需要改进吗？需要变更吗？有什么新的诉求吗？前面的谈判他考虑不周，或者迫于压力才勉强同意，这时候再及时做一些调整。谈到他第二天真的遵守协议为止。

也就是前面的亲子谈话五步法你要反复去学习，直到熟练掌握为止。掌握后还要反复实践。不要担心没有机会实践，孩子永远会创造"机会"，让你去实践亲子谈话五步法的。

有很多家长告诉我："老师，我们执行五步法以后，第一周第二周执行得很好，第三周孩子又回到老路该怎么办？是五步法对我家孩子没有用吗？"

我告诉他们："这正说明五步法有用！"因为你的孩子执行了一周、两周了啊，这不是有用吗？以前你们大吵大闹都解决不了的问题，这两周平静祥和地执行了，这不是有用吗？那么，当孩子发生反复怎么办呢？千万别回到老路，而是继续用亲子谈话五步法重新谈一谈啊，谈的主题就是"关于上周的约定坚持一周后出现新状况怎么调整的问题"。就眼前这个新状况重新去进行沟通交流和头脑风暴，重新调整方案，制订"政策"。

也就是我们的约定是应该不断调整的，直到孩子愿意遵守为止。

为什么要调整，而不是马马虎虎睁一只眼闭一只眼呢？因为我们要养成孩子遵守约定的习惯，养成孩子自我约束的能力。总之，永远不要放弃公平有效积极的亲子谈话五步法。

第三章

活学活用亲子谈话五步法——来自家长的智慧

和怕数学的初三孩子聊聊作业上的空白

◆ ◆ ◆

为了让大家对亲子谈话五步法有个完整的概念,下面我们以具体的事例来给大家做个示范。这个事例是父母学习小组里的真实案例,希望大家能因为这些场景再现而懂得如何操作亲子谈话五步法。

雪花家女儿就要升初三了,却对学习提不起劲,雪花内心十分着急。以前,她着急的时候总是对女儿说很多大道理,比如:"你不努力怎么可能有收获呢?""你不认真读书当然不会。""你得下点功夫才行。"

这些话并不能改变什么,孩子照样不温不火,有时甚至还显出不高兴。看女儿耍脾气,雪花气不过,会冒出一些具有杀伤力的话:"你怎么就只考这一点点,人家某某怎么能考那么多?同样的老师教,你和她差别怎么就那么大?上课老师捂住你耳朵了吗?""你到底能不能学?实在不行你就回来帮我看店吧!"

……

雪花也是进了父母学习小组以后才知道狠话只会刺激到孩子、引起孩子的反抗情绪,并不能真正激励到孩子。

于是,她慢慢学会了闭嘴,不再唠叨,想发火的时候出去转一转,母女关系渐渐有所缓和。

在妈妈慢慢的等待和陪伴中,孩子也表现出了学习的欲望,开始每天早起读书,对语文和英语比较上心,但孩子怕数学。孩子说她在课堂上似乎听懂了,但做作业时却不会。妈妈鼓励她多思考思考,孩子不乐意,总是各种借口,把题目空着等老师讲。

雪花很着急,给女儿想了各种办法,每个办法都被女儿一一否定。

雪花责问孩子:"谁是一开始就会的!你总是给自己找借口说不会,你这样下去一辈子也进步不了啊!"

听到这话,女儿"砰"地把房门关上了。妈妈在门外觉得孩子不可理喻,同时又很绝望:为什么我的孩子就不能知难而上呢?为什么她总是很懒,总是稍微有一点困难就放弃?

这样的场景是不是有我们很多家庭的影子呢?我们总是这样:一着急,妈妈就回到唠叨的老路,亲子关系就走进了死胡同,互不理睬,母子关系跌到冰点。然后通过"不提学习"的方式,一点一点再修复,"不谈学习母慈子孝,一谈学习就鸡飞狗跳"。这样的循环,很多家庭总是无法打破。

后来,雪花知道了亲子谈话五步法,她学习了五步法使用的详细步骤。正好她接到孩子老师的电话,老师担忧地说:"孩子数学作业本上有很多空白,还是要督促她多多思考……"雪花决定用亲子谈话五步法和女儿谈一谈作业本上的空白问题。

第一步:做一支发言棒。家里正好有一支长约10厘米的指读棒,雪花用便利贴写了"发言棒"贴上去,发言棒就做成了。然后又去买了水果、孩子爱吃的点心。在为孩子做这些的过程中,雪花也获得了信心。她还准备了一盏香氛蜡烛,是清新的橙子香,让谈话氛围清醒又愉悦。

晚上孩子回来,妈妈笑眯眯地对孩子说:"我们今天先休息一下,好好聊一聊吧。"孩子一愣,但看到妈妈精心准备的一切,也笑了起来。初二的孩子每天抬头就是老师的教导和焦灼,低头就是写不完的试卷和作业,生活乏味至极,看到一点点亮色会抑制不住欢喜,她看看这个摸摸那个,很是兴奋……此情此景让雪花觉得孩子其实也挺可怜的。

孩子拿着发言棒,问:"这是什么?你在捣鼓什么?"

雪花说:"妈妈以前待你的方式不够尊重,也从来没有仔细听过你的心声,我今天新学了一种尊重你的谈话方式,就按照课程准备了这样一根发言棒,你说话的时候就举着它,提醒妈妈认真倾听你……我说话的时候也举着……现在，你能帮助我做一个改变的妈妈吗？"

孩子爽快地说："能！"

雪花说："妈妈今天布置这些是想跟你聊一件事，聊什么呢？你不要着急，就是聊关于你数学作业本上的空白……"

女儿一听就不开心："我说呢，怎么布置这么多东西，原来有这样的一个陷阱在里面。"

妈妈笑了，拉着女儿："别急啊，妈妈今天想让你充分倾诉倾诉，你可以先试试看，看妈妈下一步怎么走，看妈妈是不是真的有点改变……"

妈妈拿起发言棒："我先拿发言棒，给你一个示范吧！其实，我猜你也特别想把作业都做完交给老师——谁不想这样啊，谁不想让老师觉得自己学得好啊……你只是不知道该怎么做……"这段话，是雪花谈孩子的感受。

孩子果然被妈妈的这句话打动。于是，在妈妈的鼓励下，她拿起发言棒，说了很多自己的委屈和无奈："平时也想做完数学作业的，可是来不及，再加上不会……老师再催催催，很快自己就没有信心……"

打开话匣子，一下子说了很多。

妈妈只是静静地听，不时地点点头。

等女儿说完，雪花拿回发言棒说自己的感受："原来你有这么多委屈，妈妈只顾帮你着急，却忽视了你的很多感受，对不起，宝贝，妈妈向你道歉！"雪花顿了顿，"但我发现你这学期开学以来，学习态度端正了很多，每天早上起来都晨读语文和英语，晚上的作业也比以前认真！上次月考英语成绩91分，再前一次月考成绩还只有70多分！说明你只要努力就会有收获，已经比别人幸运很多了，有的小孩怎么用功都不能进步，那才急呢！我还认为学习方法都是相通的，你语文和英语能进步，数学也应该可以……"

孩子被妈妈说得信心满怀，雪花借机进入第四步"头脑风暴。"

"我们一起来想想办法吧！"

她们娘俩先吃了点心，然后就商量怎么解决这个问题。女儿想出的办法，雪花都记了下来，雪花想到的办法也先记下来。她们商定，先不着急否定某一项。

探讨了将近一个小时，她们经过头脑风暴罗列的策略如下：

1. 不会的题目，先空着听老师讲。

2. 把不会的题目记下，问同学。

3. 到网上搜教学视频弄懂不会的题。

4. 不想做题的时候去楼下散散心回来再战。

5. 每题都试着想20分钟，实在不会就放弃。

……

她们又对头脑风暴后的每条策略进行了一番热烈讨论，最终得出的结果是："想 10 分钟，实在不会就查答案，弄懂以后讲给妈妈听，再记到错题本上，周末复习。"

孩子愉快地签订了协议，并张贴到学习桌前。

一场危机，用亲子谈话五步法解决了。执行以后，女儿数学作业上的空白越来越少。数学老师在全班同学面前表扬了雪花女儿，鼓舞了女儿的士气，数学难题她也越来越愿意琢磨。

以上的事例是不是能让你明白亲子谈话五步法的具体实施方法了，我们再复习一下，亲子谈话五步法就是下面这五个步骤：

第一步：说孩子感受。

第二步：说家长感受。

第三步：头脑风暴。

第四步：商定一个办法。

第五步：协议上墙。

通过这样的五个步骤，让孩子参与到自己的事情中去，不再只是家长一人干着急。每个孩子都希望掌控自己的事，一旦他们接下了人生的方向盘，他们内心的动力就截然不同！

亲子谈话五步法运用过程中妈妈们闪现的智慧

◆ ◆ ◆

把亲子谈话五步法用出高智慧的当然是来自父母学习小组的组员，我常常被家长们的睿智惊艳到。

娜娜妈妈和一年级的娜娜沟通早上起床"总是要妈妈喊好几遍"的问题，娜娜说："妈妈，你用普通的方式喊我，我感觉起不来。你以后用按密码的形式叫我起床，我睡觉之前告诉你密码，你要记住，第二天早上就在我头上按，密码正确我就能起来了。"

第二天，妈妈如约在娜娜额头上按出"叽里咕噜变变变！"（妈妈一边按孩子脑门一边念念有词），娜娜就笑着起床了。

芹奶奶和上幼儿园的孙子商定的叫起床方式是，快乐地喊一句："卡梅拉的号角吹响喽！"孙子就一骨碌爬起来。因为最近他爱上了《不一样的卡梅拉》，里面的卡梅拉有号角。

再看看江江妈使用亲子谈话五步法的反馈：

我的收获来了，坚持用亲子谈话五步法跟孩子沟通后，我发现孩子最近几天起床快了些，回家主动写作业了，废话也不那么多了，不问"下面做什么""我能不能做什么""可不可以不做"这类话了。

我一开始就跟孩子明说了，我参加了月方老师的父母学习小组，想改变自己，不做唠叨的妈妈，从今以后什么事都和他商量着来。当天我们就商量好第二天叫他起床的方法是：只喊一声然后走开。

第二天早上，我和往常一样拉开窗帘，帮他拿好衣服说了一声："起床啦！"然后我就走开了，进厨房忙早饭，忙了一会儿，担心孩子又睡着了，悄悄地返回去探望，发现他已经一边"练轻功"一边穿衣了，我又轻轻地原路返回。不一会儿，传来了刷牙洗脸的声音，我心里别提多美了！

晚上放学回来吃好晚饭，我问："江江同学，下面怎么安排？"

他说："做作业呗！安排什么呀！"

我和他会心一笑，竖起大拇指给了他一个大大的赞！

以前是江江问妈妈"下面做什么"，现在反过来了，是妈妈问江江"下面怎么安排"，这就是"走孩子的路让孩子无路可走"哇！

下面是二年级小宝妈的打卡内容：

早上小宝有点起床气，早餐我做了鱼汤面，他气呼呼地说："不吃。"

我跟他说："抱歉，今天早餐只有鱼汤面。而且昨天晚饭时我征求了大家的意见，所有人都没有异议……"

在这之前我们用亲子谈话五步法讨论过早饭安排方式：前一天晚上我预告第二天早餐，如果有想吃的要提前预订，如果没有意见，那第二天我烧什么就吃什么。所以小宝无言以对，坐在桌前生气，就是不吃。

这时奶奶过来劝："快点吃啊，不吃面条糊了，就不好吃了……"

我跟奶奶说："奶奶，您先忙别的，他可能现在不太饿，让他歇一会儿再吃。"小宝还是不吃，僵在那里。

爸爸也忍不住过来劝："不吃上学肚子会饿，上课就没法专注听课了。你再不吃，可能上学又会迟到了。"爸爸说完就去晨读了。

小宝愣了一会儿，问我："妈妈，我迟到怎么办？"

我说："迟到也没关系，我相信你能很好地跟老师解释清楚。妈妈吃完了，得去晨读了，你慢慢吃吧！"

然后我就去房间里晨读。

大概10分钟左右，小宝跑到我旁边："妈妈，我吃好了，我也来晨读！"

早上的小插曲也就这样过去了，上学路上小宝又开开心心的了。

上面的打卡让我看到了一位温柔又坚定的妈妈。不骂孩子不训孩子不抱怨孩子，但也绝不迁就孩子，不吃可以、迟到也可以，就是不能破坏约定。孩子看到妈妈这么坚决，自然而然识时务者为俊杰，积极调整状态，让自己吃完高高兴兴地去上学，并且还没有漏掉每天都做的晨读。

另一个家有三年级孩子的妈妈雨菲，在和女儿执行每晚9：00上床这个规矩的时候，女儿磨磨蹭蹭地不想上床。

妈妈急中生智，提前对女儿说："谢谢你遵守我们的约定哦！"

在女儿犹豫着要不要执行约定的时候，妈妈提前表达感谢。这个感谢让孩子受到了莫大鼓舞，毫不犹豫地爬上床了，真的践行了约定。

而萌告诉我，她和一年级的儿子用亲子谈话五步法谈"网课总是要催才进房间"的问题时，发现一年级的孩子居然也能思虑成熟考虑周全——他考虑了上厕所、喝水等问题，也考虑了如何让自己心情保持愉快，还想出了一系列应对策略、请妈妈写下来……第二天网课，孩子提前五分钟坐到了电脑前。

看到没有？上面的事例中也展现了孩子的智慧，当你允许孩子充分思考和表达，创造时间和空间让他们自己想办法，他们就充满创意，生机勃勃的点子就好像从孩子头脑里自然而然生长出的一般，充满童真又富有诗意，让人看到了春天那鲜活的样子。

"摁密码叫起"一千个大人围坐着也想不出的绝妙叫起床方式，孩子却可以信手拈来。当他们发现自己的事情可以自己做主的时候，他们做事情就充满了创意和想象。

小娜家的是初二的孩子，这一天，孩子在课间吵闹，违反学校"不准乱追逐"的纪律，被政教处老师批评了。班主任打电话通知妈妈："学校决定让孩子回家晚自习以示警告。"

小娜接儿子的时候没有批评孩子，而是运用亲子谈话五步法，和孩子进行沟通。孩子心服口服："确实是我自己的问题。"对应策略就是："打电话向政教处老师道歉，表示今后不再犯此类错误。以后想和同学玩，放学后再约在一起打篮球。"

这次谈话后，儿子后面的两次月考，一次比一次有进步。你们可能觉得这两者之间没有联系，不，恰恰相反，联系很大！这个孩子之前数学只能考二十多分，自从妈妈改变了跟孩子的交流方式后，孩子考试分数一次比一次高。以前遇到问题，妈妈总是责怪孩子，现在遇到问题，妈妈先听孩子说一说，再用"头脑风暴"一起想办法，用亲子谈话五步法坚定地和孩子一起解决问题。

以前孩子忙着对抗整个世界，哪有心学习？现在，孩子感受到了来自妈妈的援助，不再孤单、不再与全世界对抗，自然有心力去想学习的事情了。

对青春期的孩子实施亲子谈话五步法后，迸发出学习力量的不仅是小娜一家，家有三孩的宝妈家的大女儿也是这个情况。她家大女儿读高二，因为情感问题突然向妈妈提出要休学，说"不想见到那位同学"，妈妈并没有急着去否定孩子的想法，而是认真听孩子倾诉，允许她在家调整一周，再用亲子谈话五步法跟女儿谈后面的打算。随着时间的推移，女儿的策略逐渐从"休学"转变到"观望一下"到"在家休息一周"再到"凭什么我不上学？我上我的课他上他的课！"前前后后一周时间，孩子就复课了。

一个月后这位妈妈带来好消息：孩子英语考了全班第一名，以前从来没有过！而且，孩子真的放下了那位男生，能坦然面对。妈妈又激动又高兴又感慨，她说："如果不是亲子谈话五步法，我和女儿就会陷入她拼命不肯上学而我拼命想说服她的境地。"

最后再看看果果妈（果果上幼儿园中班）写给我的一段话，大家也许能从中得到一些收获：

> 你好！月方老师：这两天学习了亲子谈话五步法，认真做了笔记，受益匪浅。
>
> 以往外出吃宴席，孩子在外面总会提出玩手机的要求，我一般都会答应她，她知道我不好当着别人面训她，所以总是拿到手机就不撒手、饭也不好吃吃（小孩子很能揣摩大人心理）。
>
> 昨天又在外吃饭，我看她玩了有30分钟了，就把她喊到隔壁包厢说："果果你在用手机看什么？"她回答我说："我跟着视频学习了四个汉字：'米''面''饭''鱼'！""呀！果果真厉害，你看视频里的人物都吃完饭了，妈妈觉得我们也

要放下手机去吃饭,看今晚我们餐桌上有没有鱼?"果果说:"妈妈我再看10分钟可以吗?"我这时用了共情:"妈妈也觉得视频很好看,妈妈也喜欢看,可是你已经看了这么久,一是妈妈担心你的眼睛受影响,二是外面的叔叔阿姨在等我们一起吃饭,我们不过去显得没礼貌呀!"果果思索了一会说:"好的,妈妈,那我们去吃饭,手机还给你!"

这次是我们在外面第一次很愉快很轻松地解决了玩手机问题!

第二个就是以前早上起床都要喊不下五遍,还有各种哄才起床,昨晚我跟她说:"果果,妈妈觉得你已经长大了,我们明天早上要不要试试自己起床穿衣服?然后妈妈在书房等你一起读绘本《蛋糕总动员》,好吗?"果果愉快地答应了。

早上7点10分我把一个小古文的音频打开给她听,喊了一下:"果果要起床了,妈妈等你读绘本哦!"果果说:"妈妈我还困,我想睡觉……"我没有继续喊,而是离开房间去隔壁书房大声地读绘本,应该有3分钟吧,果果大声喊:"妈妈你都不等我!"然后15分钟后,果果就把衣服穿好洗漱好就到我这里来一起读啦!

我想说今天早上我家的氛围真的是太好了,我送她去上学的路上。果果对我说:"妈妈,我们俩都是讲信用的人!"

以上事例读来有很多感动,既有来自孩子的智慧,也有来自妈妈的智慧,只要我们肯实践肯动脑筋,每个人都能迸发出属于自己的智慧力!

亲子谈话五步法的扩大版：家庭会议法

◆ ◆ ◆

如果家庭成员多，需要集体讨论一个话题，那么家庭会议是再好不过的主意了。

很多家庭已经把家庭会议当成了一种团建，通过家庭会议的形式，让孩子感受爱、参与爱、获得爱。一个总是开家庭会议的家庭，会变得生机勃勃且具有凝聚力。

日本著名音乐家坂本龙一说过这样一句广为流传的话："多少个迷人的童年下午，回想起来，还是让你感到如此深沉的温柔。"这是坂本龙一古稀之年的感言，可见迷人的童年可以滋养人一辈子。如果你的家庭定期和孩子聚在一起开会，一起讨论、互相倾听、互相支持，再搞一些活泼的节目，等孩子大了，回忆起小时候的过往，将会多么温暖和幸福！

父母学习小组里很多成员家都会定期召开家庭会议，他们经常向我分享取得的成功、收获的感动、遇到的惊喜，并时常发来照片，让我也感受到浓浓的来自家庭生活的温馨。

我现在来教你们如何成功地召开家庭会议。我们依然需要用到：发言棒、记录本、笔等"事业组"组件；我们还需要准备水果零食等"气氛组"组件；当然还可以策划一个共同的节目等"节目组"组件。

除了这些组件的准备，家庭会议还需要拥有以下几个要素。

第一，必须全员参与。全员参与的才是有意义的、有凝聚力的，以及让孩子们兴奋的。如果家里有婴儿，需要把孩子的摇篮推到会议场上。很多家庭，把家里的宠物也作为家庭成员一并邀请过来。有一次，大聪明（网名）发来家庭会议的现场照片，他家哥哥姐姐在热烈讨论，而三岁的小儿子正坐在地板上自顾自玩，这就是全员参加——对于小孩子，虽然在玩自己的，但能感受到现场的气氛，内心一样会安定、富足。

第二，事先准备一个大家可以一起做的团体活动。比如看一部所有人都想看的电影，或者围坐在一起吃一顿烤串。有的家庭会进行猜谜游戏，还有的会开展诗歌朗诵会、故事大会……可以根据自家情况随意安排。

第三，为显得郑重，家庭会议之前，要有通知。比如组员雪花家有一次家庭会议是小儿子出的通知，内容如下。

> 通　知
> 各位伙伴们好！明天（9月30日）晚上7点整，所有成员在客厅举行家庭会议，所有成员都要参加，不得缺席！
> 参加人员：爸爸、妈妈、姐姐、我、路虎。

这其中的路虎，就是他们家的一只小泰迪狗。

第四，安排一个主持人、一个记录员。第一次会议一般由爸爸或妈妈来做主持人，可以邀请高年级的孩子做记录员。这样便于给孩子们做示范，流程走熟了以后，家庭会议就可以放手让孩子们轮流主持。这不仅会增强孩子们的参与感，同时也锻炼了他们的能力。孩子将来进入高校，需要组团商量一个方案，如果他有小时候的家庭会议的承办经历，必定也会游刃有余。

家庭教育是处处教育、时时教育也是长远教育，我们与孩子相处的点点滴滴都将影响久远。

家庭会议开始了。我给大家一个固定流程，照着做就行，父母们根据自己的情况再增加其他一些内容也是可以的，下面几个步骤建议不要删减。

首先，主席（主持人）发言。发言的人举起发言棒，就势宣布一下发言棒的使用规则："谁发言，谁就拿着发言棒，只有拿发言棒的人才可以说话，其他人不得打断，不得抢话，最多只能用简单词语回应，比如说：'哦，原来是这样。''嗯嗯，我们明白。'

直到发言的人说完了，放下发言棒，第二个人才可以拿起发言棒发言。我是主席，有提醒大家遵守规则的义务和权利！"

说完，就开始家庭会议的第一个议程：感谢。

感谢什么？拿到发言棒的人，依次去感谢在座的所有人，感谢他们为这个家做出的贡献。

可以这样感谢："首先感谢妈妈，她除了上班还负责了家里的清扫工作，每天辛勤地拖地，让我们有一个特别好的生活环境。还要感谢奶奶，每天为我们带来可口的饭菜，奶奶，您辛苦了。还要感谢爷爷，每天接送浩浩和涛涛。当然，也要感谢我们家的小狗，这个星期它特别乖，没有拆家……"

一圈感谢下来后，爸爸把发言棒交给妈妈，妈妈也感谢一番。然后将发言棒依次传递下去，家人之间互相感谢一番，奠定温馨的基调。

尽管有些不好意思（有些人可能不善于情感表达），但暖暖的气息在这个家的上空徜徉，连旁边的小狗都被感染，显得兴高采烈。也就是家庭会议一开始，父母通过感谢环节虏获了在场的所有人。

虽然我说家庭会议是亲子谈话五步法的延伸，但不得不说，家庭会议受众面更广一些。亲子谈话五步法基本是针对一个问题去探讨，基调是严肃、认真的，甚至有点沉重（我们一开始就要道歉就要去揣摩对方的感受）。而家庭会议是活泼的、兴奋的、表达的——用温暖的词句表达。可以是主动的，也可以没有任何问题要讨论，只是为了增加家庭的凝聚力。

所以，亲子谈话五步法和家庭会议，大家要联合运用。

感谢完后进入第二个流程，去探讨一个议题（某件事情）。这件事可大可小，大到可以是搬新家，小到可以说说卫生间的卫生；可以是家庭的某项决定。也可以是家务活怎么分担；或者妹妹和姐姐坐车都要坐第一排的问题……总之，大家决定一起好好讨论。

一次会议可以只讨论一件事，也可以讨论几件事。最后得出一个大家都同意的执行方案，然后记录在册，以后所有人都遵守。

这个时候，记录本起作用了。记录员要辛苦了，需要把每个人的策略记下来。或者简略一点，记一个最终结果，大家以后参照执行。

探讨完事情后，家庭所有成员一起参加一个活动：看一场电影或出去大吃一顿。以这样的团队活动方式结束本周家庭会议。这样的结束会让孩子们很喜欢家庭会议，并且也更期待下一次的家庭会议。

有一次小颖家开家庭会议，讨论的议题是：关于在家里手机使用问题。

爷爷说："小颖是小学生，周末看手机不能超过半小时。"

小颖很不服气，等爷爷说完，拿过发言棒，问："为什么你们大人可以一直拿着手机？"

于是大家一致决定，定的规矩所有人都要遵守。他们规定了"周末无手机日"，周六周日所有人的手机统一锁到一个箱子里，钥匙轮流保管，周日的晚上8：00—9：00手机开放。

自从有了这个规定后，周末大家开始坐在一起聊天，讲故事，读书……变得更欢乐了。

格格妈妈说自从他们家开家庭会议后，两个孩子的战争越来越少了。因为每当她们发生争执，妈妈提醒一句"家庭会议"，姐妹俩就争先恐后地去找家庭会议记录本，记下她们要解决的问题，留待周日家庭会议讨论。因为相信家庭会议能解决，孩子们反而变得大度、忍让以及不再计较。所以，家庭会议也成了一种延迟满足——对于解决争论的延迟满足。

格格妈说："这种对孩子耐性的培养方式是多么美妙啊！它不着痕迹却又充满智慧！感谢月方老师传授的好方法！"

父母学习小组里有一个家长的孩子每天都进行晨读，这孩子就是前面我们提到的小宝。读二年级的小宝，2023年寒假的大年三十和大年初一都在家进行了晨读，从他妈妈进了父母学习小组学会召开家庭会议以来，到目前为止，小宝的晨读真的是一天都没间隔过。

如何做到的呢？小宝家就是每周进行家庭会议的典范。

比如说晨读这件事，他们在家庭会议上商定的策略是：早晨起来后，妈妈陪着小宝读书，妈妈读10分钟，小宝读10分钟。读完一个星期，就进行一个奖励，奖励的内容是买一张小宝喜欢的贴画。每天读完，妈妈都及时地肯定小宝，并在日历上郑重地打上钩。

一周下来了，他们一家四口又开了家庭总结大会，大张旗鼓地总结了小宝和妈妈这一周所读的篇章，对小宝坚持早起的精神大加褒扬，并且又做了下一周的规划。

规划到第三周的时候，小宝决定不需要妈妈陪伴了，因为妈妈早上需要忙早饭，妈妈读完书再去忙早饭有点匆忙，于是改成小宝在厨房读书给忙早饭的妈妈听。

再后来，小宝自己在房间读书，妈妈在厨房忙早饭。早读已经成了小宝的习惯，他不再需要妈妈带着读了。新学期小宝还给自己定了周末都站着晨读的规矩（他觉得站着读书记得更好）。

每一次家庭会议，小宝都对自己重新提一个要求，并努力达到，真的乐在其中。这就是家庭会议对小宝的促进作用。

通过家庭会议，小宝的爸妈成为小宝努力的见证者。对小宝的言而有信、自我要求高，爸妈每次在家庭会议上都大张旗鼓地表达欣慰，这让小宝很开心。精神上的快乐已经超越了物质上的快乐，所以后来小宝不再要求爸爸妈妈给他物质奖励了。而语文课上，因小宝流利地朗读出课文，被老师表扬后，小宝就更加有成就感了，读书也更认真了。

大聪明家有两个读初一的孩子，还有一个上幼儿园的小儿子。夫妻两个都有自己的事业，爸爸开工厂，而妈妈是一个部门的负责人。想卓有成效地教育好三个孩子，正确的教育方法必须用上，其中最常用的就是家庭会议。

爸爸大聪明说："我们家孩子多，琐碎的事情就跟着增多，我们通过家庭会议，制订了《零花钱责任制》，内容包括了零花钱发放规则、奖惩制度，比如，如果生病看病的开支自己零花钱支付、家庭报销50%……这样的制度，让孩子们开支有度、保持健康生活习惯，还能不用提醒及时增减衣服避免生病。"

他们家每次家庭会议第一项议程就是结算零花钱，有点像工厂发工资，同时还结算奖励金额。

开会的时候，他们做的是电子会议记录，家里投影仪上还会放上精心制作的PPT。

大聪明说："孩子们的进步是看得见的，从作业的字迹就可以看得出来。哥哥从骄傲自满，到现在的奋起直追；妹妹从小测验落后到现在班里排前几名……孩子们主动学习的意识越来越强。"这跟夫妻俩一遍遍地揣摩家庭会议的内容安排以及怎么引导是分不开的。

他们家还通过家庭会议组建了一个群。有一天，夫妻俩都出差在外地，家庭群里孩子们依旧发了自己晨读的内容。

家庭会议的方法真的很好用很实用，大家也要摸索着用起来！

定期给自己"特殊时光"

◆ ◆ ◆

也有家长来问我："老师,我做了充分准备,一心一意要用亲子谈话五步法跟孩子交流,但他表现得很抗拒,不想与我谈,该怎么办?"还有人说:"在运用亲子谈话五步法过程中,孩子表现得很不耐烦,他不配合的模样总是将我一秒钟打回原形……真不知道为什么别人有效,而我家却不行!"

冰冻三尺非一日之寒。

你用五年甚至十年的不正确说话方式让孩子对你产生了不信任,现在,你却想用一次的改变就换取孩子的信任……你是以年为单位错着的,现在用正确的方法待孩子,也才正确了几天。想去捂热一颗心最起码要让对方看到你这边持续燃烧的火焰,对方稍不配合你怎么就把递过去的火种摁灭了呢?

再说，下一步你又能去哪里？继续跟孩子你争我斗、鸡飞狗跳吗？你们已经争斗了那么多年，彼此早就累了，你唯一的路只有重新捧着温暖之火，去表明你的心迹……

当你感觉走不下去的时候，你可以停一停，出去转一圈、找朋友聊聊天，等心情好了，找适当的时机继续和孩子谈，不要轻易放弃，不要重回老路！

父母学习小组的慧敏妈妈说：

> 自从进学习小组后，我痛下决心改掉了动不动就骂孩子的习惯，而且管住自己的嘴，不再揪着孩子的缺点唠叨个不停。为了弥补以前的过错，我还经常抱抱儿子，跟他说'妈妈爱你'。一天晚上吃饭时，我开玩笑地问儿子，'妈妈已经几天没有骂你了？'儿子一秒钟给出答案，'五天！'我当时心里真是说不出的痛，孩子记得这么清楚，表明这几天没挨骂的日子他有多在意。
>
> 最近，我用亲子谈话五步法跟孩子聊学习，他也特别愿意配合我，早起在家晨读已经坚持一周了，每天早上起床都很顺利，其他方面的积极性也越来越高……我真心觉得妈妈对孩子用正确的教育方式真是太重要了！

当我们真正发现自己错了，我们就开始走向正确的途径，把错的方向盘扳回来总要一个过程，一定不要急于求成！

慧敏妈妈是先改掉自己的坏毛病，再用亲子谈话五步法跟孩子沟通，所以效果很好。

人跟人沟通，神态语气等作用占 70%，内容作用只占 30%，所以调整好自己的情绪再跟孩子谈话很重要。

很多人都看过电影《你好，李焕英》，电影中母女的一段对话令人印象深刻，妈妈李焕英总是称自己女儿"小王八蛋"，她会亲切地问女儿："小王八蛋，你想吃什么？""小王八蛋，你回来啦？"这样的对话很真实也很打动人。"王八蛋"其实是骂人的话，但为什么电影中的女儿却觉得是昵称，我们观众也不反感呢？是因为妈妈说话的语气神态和表情，综合在一起就是亲昵。有时候，我们说什么内容不重要，我们的情绪表达反而更重要。

说的话再正确，但咬牙切齿地说，表达的依然是咬牙切齿，即使你说的是"我爱你"，对方也不买账。

有一次我看到一幅漫画，一个妈妈张嘴在唠叨，孩子伏案写作业，妈妈嘴里扔出的全是刀子，每一刀都扎在孩子后背上。这幅漫画极度真实地反映了一个现实：孩子对我们的不信任，孩子眼里的仇恨，孩子的那种麻木懒散，都是我们用坏的语言一点一点"喂养"起来的。所以，就会出现，妈妈明明很伤心，而孩子无动于衷，妈妈明明很痛苦，孩子却暗暗发笑。因为他在报复，他被你伤害得千疮百孔，当你表现得痛苦的时候，他心想："不是不报时候未到啊，你也有今日？"

如果平时总是习惯打骂孩子的父母，我劝你在进行亲子谈话五步法之前，一定要及时改正打骂的恶习，说话不算数的也一定要改！

一位妈妈为了避免唠叨孩子，跟孩子在一起的时候就戴一个一次性口罩。组员守怡说他以前总是打孩子，有一次经过孩子身边时他抬手挠头，孩子本能地一躲闪，这让他心酸了很久。孩子考得不好，和孩子一起看试卷的时候，为了防止自己习惯性地去敲孩子头，他把双手紧紧地插在口袋里……从此没再打过孩子！这才是为人父母该有的样子。

只有用实际行动来证明自己会改的爸妈，孩子才会真正产生信任，愿意和你一起商量事情。

很多家长在使用亲子谈话五步法之前先做了一些铺垫，停止打骂就是其中一种，还比如我教大家得去跟孩子道歉，用这种方式表示自己的忏悔，取得孩子的信任和配合。

很多家长问："我明明知道自己不该发火耍脾气，但是和孩子在一起时，我就是忍不住语气尖刻、声调变高、怒火容易升级，我该怎么办？"

想解决这个问题，我们有时候需要回头看看童年的自己，当你还是个孩子的时候，你是不是也总是被训斥？被指责？被惩罚？甚至常常被打骂？

前面那个总是打孩子的爸爸，他小时候就是被他爸打过来的。

老一辈信奉"棍棒底下出孝子",他记得有一次被老师奖励了一个苹果,舍不得吃,藏在米缸里,结果忘记了,弄坏了一缸米,被他父亲结结实实打了一顿……这种环境下长大的孩子,等有了孩子也还是棍棒教育。有一天,他听我讲原生家庭对人的影响的课,听哭了,他发现原来最需要关注的是他自己。

当你很容易生孩子的气;当你很容易被孩子的错误气到情绪失控;当你发现你对着孩子再现了你小时候被父母教育的场景,你总对孩子说:"你怎么这么麻烦!""你怎么这么难缠!""你怎么这么让人操心!""你为什么自己不努力!"……

每当这个时候,应该停下来,向内看:孩子磨蹭拖拉,你的内心是什么感觉?特别羞耻、特别抱怨、想起曾经的过往、想起自己的不容易,心中愤怒、委屈、觉得不知所措,很乏力……

这时候,你的难过只是重现了幼年时光,你还原为那个孩子,你很容易就和眼前这个孩子产生"伙伴之争":"你不对!你不好!你这么差不关我的事!我努力了,我供你吃喝供你上学,我很尽力了!学不好是你的责任!该受惩罚的是你!不是我!"

你在为自己做无声的争辩。怒火随着争辩发酵,发酵到火冒三丈,然后照着你父母对你的样子——对孩子大打出手或讽刺挖苦,把小时候遇到的不公统统甩向眼前这个更弱的人。

当你还是个孩子,你怎么可能有能力去面对不知所措的另一个孩子呢?

遇到这种情况，请你先深呼吸，留给自己五秒钟时间，冷静一会儿，像对待好朋友一样对待自己，给他温暖，为他倒杯水，跟他共情："你很生气，非常生气，孩子的麻烦让你想起无助的自己……你想哭……你可以到隔壁房间里去哭，或者去卫生间哭……"

对，你可以像个孩子一样哭。但是不要以你的成人之躯去攻击你弱小的孩子，他除了心理上与你一样无助，他的身体比你更弱小，你对他来说是庞然大物，所以，无助的你去攻击无助的那个熊孩子，这样的较量很不公平。如果你还存留一点理智，你可以跟那个吓坏了的孩子说："妈妈（爸爸）去卫生间待一会儿，平静后我会回来。"

好，去了卫生间，你冷静一点了，你想一想：孩子的感受是什么？他需要什么？能满足吗？（他也不懂，他也很可怜，他也不想这样，他不知道怎么办……他需要人帮他，我能帮他吗？除了我，还有谁能帮他？我是他父母，他害怕，他需要耐心，我能耐心一点吗？我能！）

为了释放自己，你还可以写日记、找朋友倾诉、到亲人那边聊一聊，或者，你觉得还没缓解，就走出家门，去外面呼吸呼吸新鲜空气。当你元气满满，你再回来跟孩子一起解决问题。

另外，要经常给自己一些特殊的关照，给自己留"特殊时光"：抽个空，只为自己安排一段时光，这段时光可以是和朋友逛街、喝下午茶，或者独自看一场电影、看一会儿书，或者把孩子安排好，跟爱人来一场单独约会……总之，怎么高兴怎么来，这段时光只给自己。

每周都有这样的时光，你的压力就不会累积，你才有耐心去对待你的孩子。把自己杯子装满了，才能去为别人续杯；把自己爱好了，才有能力去爱孩子。

希望你们不管多忙，都要抽空给自己安排一段"特殊时光"，充分爱过自己才可能真正心平气和地对待弱小的孩子。

第四章

如何与孩子共情

第八章

西周之衰亡

沟通中共情为什么重要？

◆ ◆ ◆

在心理学中，共情指能设身处地体会他人的处境，对他人情绪情感具备感受力和理解力。在与他人交流时，能进入对方的精神境界，感受到对方的内心世界，能将心比心地对待对方，体会对方的感受，并对对方的感情做出恰当的反应。

听起来有点难，但运用起来没那么复杂，后面我会手把手教大家怎么共情。

为了让大家直观地感受到共情的力量，我先来说说我跟几位家长共情的故事吧。

有一次，我遇到一位妈妈。这位妈妈说她总是习惯性地责怪孩子，她觉得自己有问题，可就是改不了。每每和孩子在一起，有事没事，她总是会指出孩子一两个缺点。比如孩子自己穿好了裤子，她会问孩子："你怎么不穿那件黑色的？"如果孩子自己梳了头发，她又不由自主地皱眉："怎么辫子梳得一边高一边低？"搞得二年级的孩子经常跟妈妈生气。我问这位妈妈跟自己母亲的关系。这位妈妈说："我是那个从小被我妈管着的孩子，只要我妈在，我就觉得很压抑，我总是很烦我妈。比如昨天我比较忙，我从监控里看到我妈买了青菜送过来了，在单位我心里就烦得很，一边抱怨她多事一边又自责自己不讲理……"

我明白母亲送菜这件事给她带来的压迫感，我说："明明妈妈是为你好，你却很反感，因为你耳边似乎听到了她的唠叨：'你看看，过日子青菜都备不周全，还需要我送过来。'这样一想，你就觉得烦得不得了，根本不感激她的帮忙。"

"您说得太对了！我仿佛看到了我妈在皱眉。"

我接着说："你从小就是一个总被妈妈挑刺的孩子，你一边抗拒一边却从她身上学会了指责和挑剔……你长大了，明明不想那样做，却还是不自觉地沿用了你妈妈的这种方式，因为除了这个，你也不会与孩子相处的其他方式……"

这位妈妈说："平时我是一个惜泪如金的人，但今天我也不知道怎么搞的，听了您的话，眼泪止不住……"

哭，有时候是因为被温暖、被感动、被理解……

作为一个家庭教育指导师，指导工作还未开始，只是和对方简单共情了一下，对方就会被打动，说明生活中，我们多么需要被共情。

另外一位让我感受到共情威力的是小赵妈妈。她在父母互助小组亲切地称自己孩子为"小赵",所以我就称她为"小赵妈妈"。

从小赵妈妈断断续续的打卡中,我知道了她的成长经历:她从小不被家人看好,甚至有一次一个亲戚当着全家人的面说她笨,将来不会有出息。她就一直生活在这样的阴影里。长大后,她的生活被亲戚"成功预言",平凡地结婚生子,没有多大成就。虽然她也明白:自己能做一手好菜、能在工厂的操作竞赛中拿第一,并不是亲戚当年说得那样笨,但是,她骨子里还是刻着自卑,总认为自己不行。有了孩子后,就把这份自卑也转嫁到了孩子身上。

孩子学习稍微有点不好,她就特别焦虑,担心孩子将来也和她一样"不成器"。她盯着孩子的每一门功课,但凡有做得不好的地方,她就生气、绝望、委屈、愤怒,有时候还施以暴力。三年级以后,孩子的成绩很难达到 90 分了,她愈加绝望,愈加看孩子不顺眼,总觉得这孩子怎么和她小时候一个样,这也不行那也不行?

我跟她说:"你担心孩子就像担心你自己一样。你看不到孩子的优点,就像看不到自己的优点。你爱他,但你也担心他,因为不希望他像你那样'没出息',所以你就更加焦虑……"

小赵妈妈也激动地哭了:"您说到我心里去了。我好似从未得到过这样的抚慰……"

你看，就简单几句话，两位妈妈的内心都被触动了，眼泪都不由自主流了下来。当人被理解、被共情的时候，就会有这种柔软的释放。而释放过后就是增添勇气。从两位妈妈身上，我们得知：大人需要共情。

孩子缺乏大人的自我修复、自我疗愈能力，他们更需要获得旁人的理解和共情，从而获得安全感和成长力。

那么，怎么和孩子共情？我用简单的语言替大家梳理一下：共情其实就是尽量感受着孩子的感受，并帮孩子把想法说出来。

替孩子说出心里话有什么好处呢？有助于整理孩子的思绪和情感，让孩子有一种被接纳感，一旦感觉到被接纳，孩子就得到了安慰。

当我们遇到孩子有情绪问题的时候，我们不要希望孩子能自己赶快好起来，我们应该耐下性子，用心地猜一猜孩子的情绪或心事，然后用语言表达出来。共情的能力不仅仅关乎你怎么表达，还关乎你和孩子在一起时怎么做。比如，和孩子一起玩的时候，你真切地把自己化身成孩子的小伙伴，和他一起快乐一起兴奋一起新奇，那么，你多半就是一个善于共情的爸爸或妈妈。

有一次，我的一位邻居带她四五岁的孙女来我家玩。邻居和我聊天，她孙女在一边玩。一会儿，小女孩走过来，捏着一块石头给奶奶看。奶奶立即停止跟我的谈话，看着孩子手中的那块普通石头，大声惊呼道："哇！你发现了一块宝石？"女孩腼腆而又满足地点点头,继续一边玩去了。

我发现,这位邻居是一位特别能和孩子共情的家长。她无论多忙,都会把孩子置于中心位置,能随时停下手里的事情去积极地回应孙女。如果你想做一个能共情孩子的家长,就一定要把孩子放在中心位置,关注他、重视他、回应他!而不是孩子喊你多少遍你都不听,只顾忙着其他事情。我经常在外面看到有孩子追着喊:"爸爸爸爸爸爸——"七八声下去了,那位爸爸还一直在和别人说话,然后孩子继续喊"爸爸爸爸爸爸——",爸爸继续没有回应。这让人看了很心疼,同时我们也要知道,终有一天,父母与子女会互换角色,变成孩子懒得理父母……

共情就是真正地和孩子站在一起,惊奇着他的惊奇,快乐着他的快乐,愤怒着他的愤怒,以及悲伤着他的悲伤,并且帮孩子表达出来。

用共情治愈孩子焦躁的心

◆ ◆ ◆

在说共情方法之前,我依然想讲一个故事。故事的主角叫柠檬。

柠檬的困惑是:她为女儿呕心沥血,但是女儿好像特别不买账,整天和她生气。

近期她的烦恼包括但不限于:孩子对外公外婆说话不客气,总嫌老人啰唆。另外,孩子学习也不认真,天天和妈妈犟嘴……

除了这些,还有件特别急人的事,那就是女儿的刘海挡着眼睛,老师通知要剪掉,但女儿就是不肯剪短,柠檬夹在老师和女儿之间,左右为难。

今天又遇见一件急上加急的事:"一个小时后,女儿将下晚自习,她会很生气,我该怎么办?"

我问她:"什么事惹你女儿生气呢?"

柠檬说:"今天女儿的班主任又没允许女儿去上另一个老师的课后辅导课(老师直接通知柠檬的)。"这样的事以前经常发生,每次都是柠檬拼命劝慰女儿,女儿不停抱怨,柠檬继续劝,女儿越来越生气。女儿不知好歹的样子反过来让柠檬也很生气。于是,两人说着说着就变成了争吵……娘儿俩都会互相生气很久。

这次柠檬很担心重蹈覆辙,柠檬问:"我该怎么办?"

我当时送给她三个"锦囊",告诉她等女儿回来就用起来。

柠檬如获至宝,赶紧用小本本记下,说今天晚上立即用上,明早告诉我结果。

第二天早上八点多,柠檬一大早赶紧上来汇报。她说:"这三个锦囊太管用了!昨天用这个方法和女儿聊了一会儿,女儿就愉快地聊其他事情了,没有继续纠缠抱怨。"

大家可能好奇我送的三个锦囊是什么,其实就是三句跟孩子共情的话,依次是:

1."老师不允许你去上课后辅导,你很生气。"

2."你明明想努力,老师却不理解。"

3."这让你委屈极了。"

柠檬说,当时接到女儿,女儿又开始抱怨"讨厌的班主任",

柠檬没有像以往那样对女儿讲道理，说"要理解老师，他也是为你好"之类的话，柠檬说出了我送给她的第一句话："老师不允许你去上课后辅导，你很生气……"

女儿说："是的，真烦人，每次都这样。太霸道了！一点道理不讲！就害怕我不学语文，其实数学更容易提分……"

听孩子讲完，柠檬接着说了第二句话："你明明在努力，老师却不理解……"

"你们这些大人，太自以为是！总觉得我不努力，凭什么说我不努力！我天天上那么长时间的课，我喘口气都不行？我出去上课后辅导，虽然要15分钟的路程，但我透了气心情愉悦更有利于学习了啊，怎么总觉得我们什么也不懂……"这个时候，柠檬好想为自己辩解：我没有自以为是啊，我都为了你去父母学习小组了！又想跟孩子说自己天天上班也很累，回家还要照顾你，我也没抱怨啊！

但她想到从我这边得到的锦囊，忍住那些话，对孩子说出了第三句话："这让你觉得憋屈极了！"

神奇的事情终于发生了，女儿点点头，然后就和柠檬聊她和好朋友今天一起上卫生间遇到一只小猫咪的事情了。

孩子很顺畅地把自己的情绪表达完了，很惬意地勾着妈妈的手臂，快乐地往家走。柠檬表面不惊内心却有如惊雷，以前总是矛盾重重的事情，今天就这样平稳地愉快地过去了？她只是生搬硬套了我的三句话，女儿就这么不露痕迹地被搞定了！她内心被深深震撼了，原来沟通技巧这么有力量！她觉得真的要好好学习如何跟孩子沟通。

之后，我又详细告诉了柠檬什么是共情。共情不是说道理、不是忙着帮孩子出主意、不是出手帮孩子解决，而是认真倾听，并试着说出孩子内心的感觉，让她觉得你理解她，让孩子能很好地表达自己的情绪，通过表达又梳理了自己的情绪，从而平稳地解决了情绪问题，将精力过渡到应该做的事情上去。

经过我的讲解，柠檬懂了。她说她以前也看过相关的家庭教育书籍，里面也有一些方法，但自己看了就是不会用。"您用具体事例一指导，我就真的明白了。"

从此，柠檬开始专用共情大法，经过一个月的锤炼，她的共情大法用得越来越熟练。跟女儿的日常交流和对话都在共情。

比如老师不许穿破洞牛仔裤，柠檬会对女儿说："这裤子很时尚啊，老师却偏偏不让穿，都没机会展现自我了。"

比如外公外婆唠叨，柠檬会说："其实你骑车已经很小心了，可是外公偏偏要说三遍，所以你很烦……"

比如孩子不想学习，柠檬会说："学了一天真的很累了，题目又那么难……"

就这样说着说着，女儿和柠檬的争吵越来越少了。

有一天，孩子老师又发短信给柠檬强调孩子刘海问题。

柠檬开诚布公地跟女儿谈了刘海，柠檬说："我知道你很爱美，你们这样的龙须刘海是现在最流行的发型……可是，你们老师又发短信给我了……"

就这样开了个头，女儿就笑着说："妈妈，我知道了，我去学校就把头发夹起来，回家就放下。"（这几句其实是一个简单的亲子谈话五步法）因为得到了妈妈的理解和共情，孩子自然而然地就想出了解决之道，而不是忙着反抗或逃避。

一直以来，柠檬都觉得女儿对外公外婆不够友好。年过七旬的外公外婆帮忙照顾孩子，这本身就让柠檬充满愧疚，看到女儿对外公外婆言语不恭，柠檬就忍不住讲道理和责备，效果往往不好。

参加父母学习小组以后，柠檬学会了迂回战术，她私下对女儿说："我知道你觉得外公外婆烦……我从你身上看到了当年的自己。我以前也嫌他们烦，后来长大了，又看到他们老了，我就不忍心嫌弃他们了……如果你忍受不了，就吃完饭赶紧回自己房间吧！"

听妈妈这样说，女儿反而笑了。笑过之后，就没那么反感外公外婆了。

本章开头提到的那些麻烦事，随着时间的推移，基本被柠檬用共情一一解决了。

两个月后，柠檬告诉我："女儿越来越懂事，家里请客，女儿会帮助招待客人，搀扶外公外婆。"

三个月后，女儿就愿意去克服学习上的畏难情绪，每天都有意识地在数学难题上多花时间了。

五个月后，女儿学习明显进步。

这个时候，柠檬告诉我：她其实是一位单亲母亲。

有一次她身体不好，吼了女儿。女儿却对她说："妈妈，你吼我，是因为你不舒服，其实你也不想吼我。"女儿反过来跟柠檬共情了。

听了女儿的话，柠檬的眼泪一下子就出来了，在前夫那边从没得到过的回应和慰藉，反而在女儿身上得到了。

我听了柠檬孩子的转变，内心也很感慨，同时也很感动：你教会孩子什么，你才能得到什么。你共情孩子，你才能得到共情。你在孩子面前自律，孩子才会变得自律。你对孩子真诚，孩子才会对你真诚。而教会孩子的最好方式，就是去言传去身教。

柠檬说："我焦躁的心，慢慢被女儿治愈了。"

可喜的是，八月份我得到消息：柠檬女儿中考成绩不错，考进了当地的重点高中。

柠檬归结为我的功劳。但我觉得我没做什么，她通过自己的努力，获得了应有的成果。

手把手教你共情

◆ ◆ ◆

在日常生活中，父母怎么更好地用到共情，从而引导孩子、带动孩子呢？

我记得我看到过一个爸爸录的和女儿在一起散步的视频。视频中，他跑远的女儿又跑回来，兴奋地对爸爸大喊："爸爸，我发现了一个大蘑菇，一个特别漂亮的蘑菇！"爸爸立即用特别兴奋的语调回应女儿："你发现了大蘑菇！特别漂亮的蘑菇？快带我去看一看！"然后女儿兴高采烈地拉着爸爸一起去看蘑菇了。

这样的爸爸和孩子在一起时总是化身为孩子的小伙伴，充满幽默和活力。这是一种特别高级的共情。孩子和这样的爸爸在一起会更快乐，因为他的情绪总是得到爸爸最积极的回应。

而我们大多数爸妈在日常生活中是缺乏共情的。

比如孩子从野外带了很多松果回来，有的妈妈会说："太脏，扔了吧。这个到处都是，怎么像个宝贝似的？"这个妈妈不知道，在孩子眼里，并不以价值或价格来区分一个东西的好坏，孩子眼里只有有趣和无趣，喜欢和不喜欢。大人高高在上的态度、被世俗侵染的价值观，会让孩子觉得大人和自己疏远，孩子在很小的年纪就体会到与父母沟通鸿沟，以后遇到事就不愿意跟大人分享。还有的孩子，因为在小事情上总是被大人否定，从而不敢流露喜好，逐渐生出畏首畏尾的模样，或对各类事物逐步失去兴趣……

所以，大人应该学会和孩子共情。最简单的共情就是认可孩子，我们只需认可孩子的感受，比如孩子捧着松果回来，你对孩子说："你觉得这些很好看，所以想把它们收藏起来吗？"有时候甚至都不需要说什么，帮孩子戴上他喜欢的宝贝，就是对孩子很好的支持——共情有时候就是一个动作。

共情也可以是一连串的动作。如果你有心，可以放下手中的事情，和孩子一起去找一个盒子，把孩子的松果放到那个盒子里——和父母做一件自己特别喜欢的事情，这样的记忆刻在脑海里，能给孩子带来一生的幸福和光亮。这大概就是我们常说的：幸福的童年治愈一生吧！

可惜的是，我们大多数人的人生都是"不幸的童年需要用一生来治愈"。为什么会这样呢？因为家长总是不自觉地站在孩子的对立面，不知道共情为何物，或者说根本不觉得需要学什么共情。

比如孩子说自己想参加某个社团，家长就劝他要多考虑学习。孩子爱上了画画，家长就开始跟孩子说："你不要太钻研了，这个高考不加分。"孩子交了个好朋友，家长会问："他成绩好吗？不好不要和他做朋友……"

就这样，孩子在家长这里一次又一次碰壁，热情逐渐被浇灭，为了避免不必要的麻烦，孩子选择了在父母面前闭嘴，不再对父母敞开心扉，人生路上就多了一份在家里也深深体会着的孤单。真是想想就让人心痛……所以，要学会跟孩子共情。

我再来教大家几个简单易上手的共情招数。

第一个方法：最简单的共情就是重复孩子的话。

如果你实在不知道怎样共情，就重复孩子的话。为什么我要教你去重复孩子的话呢？

因为通常我们和孩子的对话是这样的——

孩子说："我想吃那个饼。"

妈妈否定孩子的想法，说："那个饼不好吃。"

孩子说："我就要吃！好吃！"

妈妈找借口不想解决孩子的想法："妈妈没带钱。"

孩子继续说："妈妈我想吃那个饼，你回去拿钱。"

妈妈赶紧把孩子哄走："看看那边发生了什么……"

孩子跟着看了一圈，然后又开始闹："我想吃那个饼。"

……

妈妈一直对孩子的要求置若罔闻，一直顾左右而言他，就是表现出"不想听你说"的样子。孩子当然需要一遍又一遍重复自己的要求，以期妈妈能真正"听到"。

但如果这位妈妈知道我这个共情技巧：简单重复一下孩子的话，孩子心理就会好受很多——

孩子说："我想吃那个饼。"

你就说："哦，原来你想吃那个饼。"

尽管吃不到饼，孩子却得到了莫大的安慰，因为妈妈知道了他的需要、听到了他的需要、接纳了他的需要。如果你是这个孩子，你也会好受很多吧？

所以，请尽情重复孩子的话吧——

孩子说："我不想上学。"

"妈妈知道了，你真的不想去上学。"

孩子说："妈妈，我还想玩一会儿。"

妈妈说："是啊，你还想再玩一会儿，可惜咱们得回家了。"

……

不要担心你重复孩子的话，孩子就会去耍赖，孩子是知道这个世界的规则的，他只是需要别人听到他的情绪。当你听到了，他就能自我调整了。

第二个方法：提前说出孩子要抱怨的话。

父母学习小组组员守怡，他初三的孩子每天坚持早上5：30起床读书，已经坚持了三天，第四天，守怡眼见着孩子有不想起床的意思，他一边喊儿子起床，一边赶紧帮儿子把话讲了："真把人累死了，这么早起床！"

孩子一听就乐了，顺势就起床了。这是"说孩子的话让孩子无话可说"。

跟孩子相处久了，你应该能知道孩子的反应，这个时候，如果你把孩子想说的话提前说出来，会显得幽默有趣，仿佛读心似的，为孩子化解了很多情绪。

有位妈妈，她孩子说语文作业多。她赶紧说："那就不写了吧，真是太多了。"这是以往孩子说的话，妈妈今天抢着把话说出来，孩子就把妈妈的话说了："牢骚归牢骚，作业还是要写的！"

父母学习小组里还有一位妈妈告诉我：她初一的儿子回来抱怨，数学老师烦死了，上课拖堂也就罢了，看到他们作业做好了，又额外布置了一张"学案"。妈妈说："真的好烦，这个老师又拖堂又额外布置作业，把他换了吧！"儿子说："这可不行，我们老师教得挺好呢，换可不能换！"然后自己吭哧吭哧把作业做完了。

第三个方法：自言自语。

女儿回家一脸不高兴，对爸爸不理不睬。爸爸就开始自言自语："谁惹我闺女不高兴了，你看，我闺女圆脸都变成长脸了，这是真生气。"

闺女立即吧嗒吧嗒把烦心事说了，情绪得到了宣泄，心情很快变好了，接着就去干自己的事情了。

一个孩子哭了，妈妈没有制止他哭，而是自顾自地说："孩子看起来好伤心啊，你看，眼泪止不住地流……"虽然孩子可能哭得更欢，但哭完情绪就能翻篇了。

第四个方法：和孩子同喜同乐。

记得有一位爸爸，他的孩子特别喜欢玩游戏，怎么阻止也不行。后来他换了个方式，孩子玩游戏的时候他不再阻挠，而是跟在孩子后面观战，甚至一起想对策，想打法。时间久了，孩子把爸爸引为知己，经常一起探讨游戏的策略。

因为是知己，孩子也愿意和爸爸形成"攻守联盟"，同进同退。当爸爸说："游戏很好玩，但整天玩，爸爸担心你的眼睛。"孩子立即愿意考虑爸爸的想法，然后和爸爸一起愉快地制订了"游戏军规"。按照约定好的时间玩，其他时间该干吗干吗。

一直是爸爸心头大患的游戏，就这样被小小的共情轻松攻克了。

第五个方法：和孩子一起想象一下。

孩子不想上学，你和他一起想象："要是不需要上学该多好！"

畅想一番，孩子仿佛真的享受到了一般，减掉了焦虑获得了快乐。

我女儿上高三的时候，有一天回来说数学课太难："我觉得头脑好像打疙瘩了一般，处处不通畅！"这时候我就进行了一番想象："别急，现在我进到了你的脑子里，帮你解开疙瘩，解开一个了，又解开一个了，嗯，这一个蛮大的，让我慢慢解……"最后我拍拍手说："全解开了，现在你感觉通畅了吗？"女儿笑着说："好像真的舒服多了。"

这就是共情想象。虽然是想象，但也给予了对方很好的心理安慰，同样能起到共情作用。

最后，我再给大家总结一个共情公式，大家在平时生活中套用就行。

公式就是：

重复孩子的话（或者描述孩子脸上的表情或情绪）+如果是我，我也会这样（妈妈/爸爸当年也这样）+抱一个（安慰一下或者庆贺一下）。

套用一下这个公式，都能够达到共情的效果。

孩子不想写作业——你说："作业太多了，所以不想写，如果是妈妈大概也会觉得累死了。来，抱一个，太辛苦了。"

孩子得了100分——你说："你得了100分！看你的小脸高兴得像个红苹果，如果我得100分我也会很兴奋，来，抱一个，庆祝一下！"

孩子夜里想吃饼干——你说："你想吃饼干，可惜现在是深夜，哎呀，好馋啊，我都被你说得馋起来了！抱一个，咱们互相安慰吧！"

这个公式大家记住后，对着孩子活学活用哦！渐渐的你就能将共情信手拈来。

用共情让孩子从怕写作业到主动写作业

◆ ◆ ◆

如果有人看了前面这些介绍,还不太明白怎么具体实施共情,不要着急。我现在再举一些家长实际操作的事例。这些事例是父母学习小组里的组员在跟孩子相处过程中的真实经历,组员们通过打卡的形式反馈给我,我把它们整理出来提供给大家。因为是真实发生的事情,读来总是让人很感动。

有一个组员叫路路,她找到我的时候,孩子才上二年级,却已经非常不喜欢写作业,提到作业就各种不开心、唉声叹气、磨蹭拖拉,每天的家庭作业都进行得异常艰难。她试过各种方法:限定写作业时间……答应孩子写完作业一起玩……进行物质诱惑和奖励……统统不管用。

孩子为什么软硬不吃呢?可能是因为自孩子上学起,写作业的时候,妈妈就在旁边暴躁指导,指导到三年级的时候,孩子就写不动了,即使妈妈雷霆万钧,孩子的作业依然写不完。

进父母学习小组后,我让路路学共情。路路反复学习、做笔记、消化吸收并准备实施。

这天,在孩子写作业之前,她跟孩子说:"妈妈以前的方法不对,总是催你写作业,让你心里很有负担,以至于都害怕写作业了。今天作业由你自己来做主,你想怎么写就怎么写,想什么时候写就什么时候写。如果你现在不想写,等你想开始写的时候就来告诉我。"

孩子问:"真的吗?"

妈妈说:"真的。今天的作业听你的。"

于是孩子说:"我想先抄写生词。"

孩子高高兴兴地开始了,但写了两个字就不想写了,他跟妈妈说:"妈妈,我想看书了。"

妈妈说:"你觉得很累了,不想写字,想看书是吗?"(*帮孩子说出感受*)

孩子说:"是的。"

妈妈说:"我觉得看书也是学习。"(*肯定孩子*)

孩子拿起书开始看了,一边看一边感慨道:"妈妈,我真的好想做一条咸鱼啊,这样,我就不用写作业了……"

妈妈没有责怪孩子,反而说:"你想做咸鱼是吗?那我也和你一起做一条咸鱼吧!"(和孩子一起想象)

孩子很吃惊:"你真的允许我做咸鱼?"

妈妈说:"当然,咸鱼躺在那儿,懒洋洋、舒舒服服的,可惬意了……"(继续想象)

孩子被共情了,非常高兴。妈妈话锋一转:"有的咸鱼香香的也很好吃呢!"

孩子来劲了:"那我要做一条香香的咸鱼!"

孩子的情感得到妈妈的认可,当妈妈指出咸鱼还可以香香的时候,孩子立马表现出想要做一条"香香的"咸鱼的想法。因为妈妈认可他可以做咸鱼,他不再失落苦闷,内心也不再跟妈妈对抗,他就放松了下来。

放松下来的孩子突然放下书说:"妈妈,我还是把作业写完再看书吧!"

孩子很快把抄写生词完成了,妈妈立即和孩子击掌,一起高兴,最后又一起看了一篇故事当作休息。

持续用这种方式,20:30孩子就顺利地把作业完成了,没有任何"哼哼唧唧"和"鸡飞狗跳",以往孩子写作业都要写到晚上11点!

写完作业,孩子自豪地总结说:"原来,早点写完作业也不是那么难嘛！"

就这样，妈妈每天都用共情小技巧和孩子同频共振，只要孩子觉得累，就允许孩子停下来，不再催促。让孩子觉得作业真的可以自己做主。并且在做主的过程中，一点一点产生了自己想写的愿望。之后，孩子作业完成得都挺顺利。

到第八天，孩子居然主动写了一页默写（老师没有布置，孩子自己想做），这在以前是万万不可能的！

路路特别激动，跑来告诉我："您教的共情太管用了！以前我知道的都是损招，您这个才是科学方法。"

一个好办法就是一扇大门，打开这扇大门有时就能步入胜境，我也为刘路路利用智慧完美使用了共情大法而高兴。

再说甜妞背单词的经历。甜妞是初一的孩子，英语单词总是背不下来。背单词成为他们家的大事和难事。甜妞每天都背，但就是记不住，妈妈很着急。

这天晚上，又有背单词的任务，妈妈叫甜妞抓紧时间用心去背。甜妞在那边背了一个小时，嘴里也念叨。眼看就要到10点了，因为在父母学习小组学习了一阵子，妈妈尽量语气和缓地对甜妞说："你已经背了一个小时了，我现在要抽背了。"甜妞拉着脸，极不情愿，慢吞吞地把书递给妈妈。妈妈开始抽背，第一个，错了一个字母，第二个没拼全，第三个干脆想不起来英文读法……妈妈压住心里的火，耐心抽查下去，15个单词，一个没背对！妈妈心里的小火苗呼地就点燃了，但还是忍着没有发出来。

她问甜妞："背一个小时怎么一个都没记住？你真的在用心背吗？"

声音不高，但已经充满责备了。

甜妞不吱声，妈妈气得走出房间。爸爸听说了情况也很生气，说："明显态度有问题！"

妈妈叹口气："你去跟她谈谈吧，我再待下去就要爆炸了。"

于是，爸爸走进房间，问甜妞："你把妈妈气得刷牙的力气都没有了……你怎么背这么久一个都没背上呢？也就15个单词啊！"甜妞一下子就哭了，边哭边说："我就是不喜欢英语，太难背了，就是记不住……"然后爸爸语重心长地对甜妞说："每个人都有自己喜欢的科目和不喜欢的科目，你想一想，是不是不喜欢就可以不学？"

甜妞只是哭，什么也不说。爸爸看到再熬夜也没意义，就安排甜妞睡觉了。

其实从这个过程中可以看出甜妞对英语有很大的恐惧和压力，妈妈的监督、爸爸的道理统统是甜妞的压力源，本来就怕英语，父母的神态语气又认为她不行，甜妞既自卑又不放松，怎么可能背得下来？

第二天甜妞妈正好学了共情的方法，她决定晚上用一用。

吃过晚饭，妈妈跟甜妞聊天："我知道你觉得英语单词好难背，也不想背，却又不得不背……背得那么辛苦，却一点都不记得，真的很沮丧……"（说出孩子的困境）

甜妞说："是的，妈妈。我觉得自己简直太笨了。"

"嗯，你觉得很难，可是我发现你语文背起来很快，语文生字词也很少出错……"（没有顺着孩子说她笨，而是把孩子的话解释为"难"，并且从语文上给孩子信心）

听到妈妈的夸奖，甜妞脸上有了笑容："我是中国人嘛！"

妈妈接着共情："我以前上学的时候也害怕英语，那时候我也觉得不学英语该多好啊，老师对我们又很凶，我们都用汉字标发音，像背汉语一样背上了，后来背着背着，就熟能生巧了。我觉得学习方法是相通的，语文学得好，英语肯定也不会差！"（妈妈通过谈自己的经历来共情）

被妈妈共情后，甜妞有了干劲，问妈妈："妈妈，我可以先看半小时电视再背单词吗？"妈妈没有像以往那样否定孩子的想法，而是同意了孩子的安排，对孩子说："你自己的事情自己做主！"

甜妞看完电视，决定先背 5 个单词，妈妈再次同意。甜妞用 25 分钟背会了 5 个单词。主动过来让妈妈抽背，全背对了。妈妈使劲地夸奖甜妞："你看，你其实是背得下来的，只是被自己吓住了。"

甜妞很高兴，又用 5 分钟背了 3 个单词，也就是 30 分钟的时间，甜妞背了8个单词！

用共情的方法，让甜妞从前一天一个小时一个单词也背不下来，到第二天30分钟背会8个单词！

不是孩子办不到，是父母的方式不对啊！

我们再来看看守怡对孩子的共情方法。这一天，守怡听说自己读高一的儿子语文、物理、历史考得很好，进步很大，但数学却低于自己的期望值。于是，他晚上赶到学校决定接住校的儿子回家，因为他知道沮丧的儿子需要自己。

上车后，孩子问："你前天刚刚来过，今天怎么又来了？"守怡说："这次月考分数全下来了，你却没有打电话给我，我猜你需要爸爸了。"孩子说："这次语文虽然分数高，名次却掉到班级第四，数学只比平均分多一点……"然后孩子就难过地沉默了。

守怡跟孩子共情："爸爸知道你没考出自己想要的成绩，你也很难过，你那么努力，结果却是这样……"还没说完，一米八五的大男孩就在车里呜呜哭起来。

爸爸抓住儿子的手，爷俩什么也没说，好像又什么都说了。

第二天早上，孩子恢复如常，又生龙活虎地去学校了！这就是共情的治愈力。

泡泡妈说：初一的泡泡哥哥平时作业做得很快，可做完课后作业却不肯好好背书，宁愿第二天默写错很多再订正，也不愿意提前一天好好准备。每次问他语文背了没,英语背了没,他总说背好了,管多了就嫌烦。

后来妈妈试着和孩子共情:"你写完课后作业很累,头脑好似缺氧,根本背不动……你想休息就好好休息吧!"

连续两天不唠叨要孩子背书,单纯只是共情,表示允许他休息。

也怪呢,第三天,孩子主动背第二天要默写的文言文和英语,从九点半背到十点半,临睡之前还跟妈妈说:"妈妈,明天早上给我泡杯咖啡吧,今天睡太晚,我怕明天要打瞌睡了。"

孩子第二天默写是 94 分,不再是以往的 70 多分。

妈妈很开心地表扬他说:"这就是你昨天努力的成果。我儿子太棒了。"然后跑过去抱抱孩子,男孩子大了,被妈妈夸有点不好意思,但脸上看得出来很开心。

泡泡妈妈说:"有的时候大人真的会把焦虑的心情表现在脸上,从而给孩子增加负担,让他们不胜其烦,没有心力继续做作业或背书。这个时候,不如跟孩子共情,看到孩子的辛苦,通过这种方式,反而给孩子增添了力量!"

共情不要用错

◆ ◆ ◆

有时候,我们会用错共情。

很多妈妈常常把共情理解为:好好说话。其实"好好说话"远远达不到共情的标准。

娜娜妈妈也学了共情。有一次她带着女儿练拍毽子,就是像打羽毛球一样用一本书往上拍毽子。女儿一心想练就连拍 10 个毽子的本领,可总是做不到。半个小时还没练成,女儿开始急躁了。妈妈看女儿有点急躁,就想让她休息一会儿再练。

妈妈说:"你已经很努力了,慢慢来,不着急,休息 5 分钟再练。"

女儿很生气,一定要接着练。妈妈也急了:"叫你休息一会儿你偏不听!"然后扔下女儿自己回家了。

其实妈妈一开始就没共情好。"你已经很努力了，慢慢来，不着急，休息一会儿再练。"这句话尽管说得柔和，但包含了指导和评价。

指导是指下面这些话："你可以……""你应该……""你需要……"而评价包括："你这个动作不对。""想法错了。""你太急。""你没必要伤心"……

所以，第一个要注意的方面是：共情不应该包含指导和评价。

比如这个孩子很急躁但是还想练，共情应该是这样的：

"你特别努力，总是达不到目标，真的很着急。"（这才是说出孩子真实状态）

"你不服气，决定继续练下去。"（这是帮孩子表达出想法）

这样说，孩子内心的紧张就被理顺了，也通过妈妈的言语，明白了事情的经过。理顺情绪后，再适当指导一下，孩子才听得进建议。

下面，妈妈就可以建议："妈妈觉得你是不是休息一下再练？当然决定权在你。"既给了孩子建议但也不强迫孩子照做。

孩子不管成功还是不成功，是急躁还是不急躁，你在旁边做观众即可，没有必要担负起必须让孩子开心拍毽子的责任。

这件小冲突的收尾工作，反而是娜娜完成的。晚上临睡前，娜娜主动跟妈妈谈这件事。

娜娜说:"妈妈,你今天做错了一件事情!你不应该在我拍毽子时打断我,我只是想坚持做一件事情,把拍毽子练好。你们不是常说做一件事情要一口气做完吗?你中间打断我,让我休息5分钟是不对的。我看见你生气地走了,我也很伤心,我都哭了……但今天我也有问题,我的目标可能定得高了。我应该慢慢来,先定5个的目标,在此基础上再慢慢提升。"

多好的孩子啊,虽然才一年级,但跟妈妈的这番谈话有理有据。

妈妈赶紧向娜娜道歉,说:"我不应该把我的想法强加给你。"娜娜愉快地接受了妈妈的道歉,并且和妈妈约定:

1. 以后娜娜坚持做某件事情的时候,妈妈不要打断,如果发现妈妈想打断她,娜娜用"嘘"的动作表示制止,妈妈要自觉离开!

2. 以后两人无论谁生气了,都要抱抱对方,不能一走了之。

一年级的娜娜都会用亲子谈话五步法了!孩子从妈妈身上学到的东西会及时反馈到妈妈身上去。

第二个要注意的方面是:共情不是帮对方着急或完全取代对方。

一个孩子在学校被同学欺负,回来跟妈妈说了以后,妈妈特别焦虑,急得夜里都失眠了。妈妈这样的表现让孩子更加难过,诚惶诚恐,都不敢去上学了。

共情应该是有力量的。当孩子告诉家长她的困境时，家长要明确告诉孩子："我理解你，我明白你，我支持你，必要时我会帮助你！我是你的依靠，你可以过来靠着我！"而不是变成："哎呀，这么糟糕，我们怎么办？"

你应该是笃定的，笃定你和孩子都能应付过去。

还有的妈妈在孩子参加重大考试的时日，就担心得睡不着觉。

一位妈妈就是这样倾诉的：孩子中考，她担心得几夜没睡，三天瘦了五斤。不敢告诉孩子，总是强打精神……妈妈自认为做得天衣无缝，但其实她的神态动作都会出卖自己，孩子特别容易捕捉到。所以这位妈妈下面的话是："我女儿中考果然没发挥好，我为她担心是有道理的……"

我认识三位焦虑的妈妈，她们的孩子在大考的时候都发挥失常。她们不认为自己有问题，都认为是孩子心理素质差。她们还认为自己善于共情，但其实她们不是共情，她们是自己带头陷入了事件，把事情拖向了糟糕的方向……

第三个要注意的方面是：共情也不是完全赞同对方。

生活中，朋友相处经常有这样的情况：一个女孩讨厌一个男生，她的闺密跟她一起讨厌，两个好朋友过成了一个人。但这种同仇敌忾是不利于共同进步和成长的。

正确的处理方式应该是你理解好朋友就行："你不喜欢那个男生，你觉得他讨厌极了。"至于你自己，应该保持中立。中立态度能给闺密带来不一样的处理样本，有助于她开阔思路。

跟孩子共情，更应该是界限分明，保持中立。

孩子说："我讨厌老师。"你不能跟着说："那个老师确实讨厌！"尽管听起来能让孩子解气，但并不利于孩子发展——从此他会真的讨厌那个老师，进而不喜欢那门功课。

你应该保持中立，和孩子共情："你说你不喜欢他，因为他当众批评你，让你很难堪。"

孩子哭了，哭完后情绪得到缓解，消除了一些怨恨，过一会儿，反而觉得老师其他方面还可以。

孩子回来说老师不好，你不要忙着辩解，提不同意见，也不要忙着跟孩子一起反对老师。你只负责共情，不参与评论。

我们共情"老师不好"这件事的方式除了语言，还可以在行动上建议孩子把老师"不好"的一面画出来，夸张一点，好玩一点。画画解压又解气，不影响孩子在生活中继续尊重老师。

有人会觉得这些是大逆不道，其实不过是想象而已。生活中难道不许想象吗？你小时候是不是也不理解老师和父母的严格要求？现在你面对的也是一个思想不成熟的孩子，他当然可以暂时不懂事。经历过不懂事，才会慢慢懂事。

第四个要注意的方面是：共情不是包办。

一些父母，特别容易把共情理解为"代劳"。

妈妈带孩子去参加公司的团建，同事跟孩子搭讪："最近看了什么好看的书啊？"

孩子想了半天，说："看的那个……"挠头，一时想不起来。妈妈立即代劳了："他最近看的是《历史是只喵》……"

这样的妈妈总是把孩子的事大包大揽到自己头上，生怕孩子答不出来而尴尬。这种代劳只会阻碍孩子的成长。你就由他慢慢回答，想不起来也无关紧要，孩子下次会努力记住的。

还有的妈妈这样代劳，孩子说："洗衣服胳膊酸死了。"妈妈立即说："放下，由我来吧！"孩子说："妈妈，我不想拖地！"妈妈立即说："那你别拖了！我一会儿去拖！"

孩子喊累喊苦的时候，我们应该帮他做事帮他学习吗？他的生活我们帮不了的，他必须自己经历才能长大！那怎么办？共情啊！怎么共情？"洗这么多衣服真的很辛苦！胳膊肯定酸死了！"就用这种"声音支持"，不要去代劳。

代劳其实不是共情，是溺爱，溺爱最不利于孩子成长。

第五章

生活中,做"口吐莲花"的爸妈

像淘金一般发现孩子身上的优点

◆ ◆ ◆

我们跟孩子在一起时总是习惯性地去纠正孩子的错误，以为这样就是帮孩子进步。其实，纠错只会让孩子不开心，认为你对他不友好、不喜欢他。所以我一直建议父母们做一个"口吐莲花"的人。

所谓"口吐莲花"就是：<u>说好话、说吉祥话、说暖心话。</u>这对营造融洽的亲子关系非常重要。

很多妈妈实践"口吐莲花"之后发现这个做法真的非常有效。

微微蓝的女儿四年级，她找到我的时候很苦恼，说："孩子在学校各种偷懒耍滑，被老师各种投诉，我既苦恼又无奈——各种方法使遍就是不管用！"我请她举个孩子偷懒耍滑的例子，她说："全班同学都订正作业了，就她不订正，老师盯着也没用！"

她的寥寥数语就让我看到一个四年级女孩的孤独无援：从老师到家长，所有人眼里都是这个孩子的缺点，并且家校一起盯着孩子的缺点，想一起帮她把"缺点"纠正过来。老师不是急到一定程度不会给家长打电话，家长不是急到一定程度也不会来找我。这位妈妈说："我一天收到语数英三个老师的投诉，要么是不交作业，要么是不听老师指挥，要么是公然反抗老师。"

从另一个角度想一想：一个四年级的女孩子，功课又不差，为何要跟所有老师作对？她可以是不喜欢某个老师，但为什么所有老师的话她都不听呢？很显然，她将"敌对"泛化了，也就是因为反感某个大人进而反感所有大人；因为某一门功课受到批评，进而觉得自己反正不是"好"孩子，干脆躺平！带动她这种反感的或者说播下这粒反感种子的很可能是妈妈（或老师）的说教、批评和指责。

在这些关系中，我认为妈妈对孩子的影响最大，母子连心，妈妈其实最容易挑起孩子的情绪。所以，我建议这位妈妈像淘金一般地去发现孩子身上的优点，而对孩子的缺点，闭眼待之，采用"不说"、"不评价"、"不点明"的"三不"原则。

这位妈妈依"计"执行。她通过自我观察发现自己对孩子说的话，十句有九句是批评。于是真诚地向孩子道歉，说："平时我不应该总是批评你，其实你健康活泼勇敢还特别爱干净，这么多优点，妈妈都觉得理所当然，从来没有肯定过你……妈妈错了，希望你能原谅妈妈……"并且她真的说到做到，将批评的话压一压,而表扬的话练习着对女儿讲出来。

道歉后的第二天,孩子在学校就改变了风格,不肯订正的作业主动订正了,并且还积极跟老师互动。老师们特别惊喜,纷纷用短信向妈妈报喜。妈妈也很激动,她感受到了"口吐莲花"的力量。

这一天,女儿回来告诉妈妈说:"昨天数学卷子老师打了79分,但我今天发现其实是82分,老师改错了,我去找了老师,老师帮我把分数改回来了。"

这样一件事,放以前,妈妈肯定会说:"加3分又怎样,82分在班级也是中下游吧?"

但妈妈已经决定做一个"口吐莲花"的妈妈,她对孩子说:"妈妈要表扬你,第一,你很细致,发现了老师的错误。第二,你大胆地去跟老师沟通,这一点比爸爸妈妈都厉害!"

孩子可开心了,对妈妈说:"今天语文默写90分,有句诗词没学过,我竟然写对了,连老师都不敢相信。妈妈,我要谢谢你,是你在家督促我默写过这句诗。"

你看,妈妈夸了孩子,孩子就给妈妈一个大大的感谢,积极性和主动感一下子就上来了。

妈妈说:"是吗?太棒了宝贝!今天你自己安排写作业时间,妈妈不会催你,你留30分钟让妈妈和你好好聊聊。"

孩子说:"好的,妈妈,等我写完作业咱们再聊,可以吗?"

只要妈妈好言好语,孩子立即表现得乖巧懂事。这还是那个天天跟自己顶嘴,在学校也不听老师话的女儿吗?微微蓝简直不敢相信自己的眼睛,像做梦一样。

其实,孩子就是这样,你给她一颗种子,她就给你开出一整个春天,你给她一点阳光,她就还给你一宇宙的灿烂。这样一想,你会觉得孩子怪可怜的。

只可惜我们很多父母都错误地以为帮孩子纠错才是教育,从孩子上学的第一天起,就说他这也不好那也不好,说着说着,就把好好的孩子说得淘气自卑或者懦弱叛逆。

大环境的不容易让家长们焦虑,但我们不能把这种焦虑全部转嫁到孩子身上,孩子年幼,经不起我们语言的"摧残"。

我常常把父母比作园丁,孩子比喻成禾苗。日常生活,父母们以为自己的教育是在浇水,但其实父母一句不满意的唠叨、一句"你怎么可以这样"的指责,都是在浇开水,那棵本来伸展着叶片的禾苗,被你一瓢瓢的开水"浇"得缩起来了,你自己还意识不到自己有问题——你的所谓的教育不是在浇水,而是在"浇开水"啊!

我遇到过很多带着问题来咨询我的妈妈。她们的通病是:打开话匣子就说自己孩子的各种毛病,一旦开口,就像拧不上的水龙头,孩子的缺点"哗哗哗"地从母亲的口中流淌出来,那么自然、那么顺畅、那么不需要思考。这说明她们平时和孩子在一起时，每个毛孔淌出来的都是不满意。聊天中，我试图阻止她们、提醒她们、引导她们，但她们非常固执，呼啦呼啦倾倒出一个一无是处的孩子，常常令我哭笑不得。

我有时候也会很严肃地问她们："你是不是孩子亲妈？请你现在说出孩子的一两个优点。"她们这才象征性地说一两个孩子的好，说得很不情愿，言下之意，孩子不就应该表现好、让爸妈省心吗？

我一般会叫妈妈们回去刻意练习夸奖：每天在小记录本上记孩子的一两个优点。不要给孩子看，给自己看，以此转变思维。所以大家如果看不到孩子的优点和进步，每天看到孩子总觉得他"这也不好那也不好"，我现在教你一个改变自己的方法：准备一个本子，每天坚持记录孩子一两点进步的地方、让你感动的地方、好的地方……像做作业那样去做。

很多妈妈做了以后，心态逐步改变了过来。

也有的家长被忧虑蒙蔽了双眼，实在看不出孩子的好，我就建议他们从孩子身体上找优点。我曾经看着一位妈妈的大眼睛，问她："你孩子是不是也遗传了你的大眼睛？"她说："是的，眼睛蛮大的。"我说："你可以写她的优点，眼睛大。"然后这位妈妈试着每天写孩子优点，渐渐跟孩子的亲子关系变好了，孩子也愿意听她说话了。

还有一位妈妈说："我怎么也看不到我女儿身上有优点，她学习上不主动、生活中自己的房间乱七八糟、出去也不爱跟别人打招呼……"当时她正在跟我视频，我看她好像走不出自己的思路，就跟她说："这样吧，你把孩子喊过来，我帮你看看……"然后她去另外一个房间招呼孩子，回到摄像头前，她告诉我说："孩子说她十分钟后到。"我告诉她："从这件事，可以看出你孩子有两个优点，一是孩子愿意配合你，她很在乎你这个妈妈；二是你孩子很有时间观念，她明确说十分钟到……"

妈妈听了这话，一下子被启发了，孩子来的时候，她抱了抱孩子，跟孩子说："你很守时，月方老师想跟你打个招呼。"孩子羞涩地和我打了个招呼，脸上很开心。孩子走了以后，妈妈说："老师，我明白了……"

还有一位妈妈，觉得三年级的儿子态度不认真，她也经常训斥儿子。我问她："你为什么觉得他态度不认真呢？"这位妈妈说："他字写得很不好！我认为字写好是起码的要求，他连这点都做不到！"

我让这位妈妈把孩子的字发给我看。我看后，发现孩子其实写得蛮认真的，就是字不太好看而已。我告诉这位妈妈："孩子的字都带有自身的特色，如果大家写的字都千篇一律，世界上就没有书法家了。所以，你孩子的字根本就不丑，是有他自己的风格！"

妈妈听了我的开导，豁然开朗。之后，她不再揪着孩子的字不放，也发现孩子身上有很多的优点。奇怪的是，孩子的字反而肉眼可见地变得越来越好看了！

一个月后，妈妈再拍了孩子的字给我看，保留特色的基础上，孩子的字愈发工整。看得出孩子写得很用心。

有时候，家长看不到孩子的优点，也是因为心胸打不开、眼界打不开、见识未上新台阶，加上各种平台短视频带节奏，焦虑得无以复加，对孩子特别苛责，真是用自己的暴躁，让孩子生活在"水深火热"之中。

所以家长看不到孩子的优点的时候，除了按照上面的方法，每天像淘金一般地设法记录孩子的优点，还可以换个角度看这件事。

当孩子身上某件事让你抓狂的时候，觉得不改就过不好这一生的时候，你可以学着换个角度去看问题：问问自己，这是不是绝路？我想象中的事情是真事吗？孩子有没有其他可能呢？事情都是发展的，孩子都是成长的，为什么用我们的臆想强行判断孩子的未来呢？

有的孩子做事很慢，但是他不容易出错啊！有的孩子做事风风火火，容易出错，但需要速度的时候，人家就是第一啊。有一位妈妈说孩子不屑于跟同龄人玩，妈妈怕他不合群，从另一个角度看，说明你孩子的思想境界超过同龄人。有的妈妈说，我孩子傻乎乎的什么都不懂，似乎比别人的孩子小，从另一个角度看，说明他心思单纯，还保留着孩子该有的样子啊！

总之，接纳自己的孩子，允许他与众不同——与众不同的另一面很可能就是出类拔萃。家长们担心的缺点，其实是孩子身上的一个特点，就是因为这个特点，这个孩子才是你的孩子，而不是别人的孩子。如果你祝福他，他会发扬自己的特质，改善或促进自己的特质，在生活的磨砺中，这个特质也许会助其走得更好。

教你一个表扬公式

◆ ◆ ◆

我有一次在电梯里遇到一个10岁左右的小学生,她来商场找妈妈。妈妈在电话里指引着她过来,她一边乘电梯一边跟妈妈通话。她说:"妈妈,我已经上电梯了,很快就到你那儿了!"妈妈在电话里说:"你真棒!"孩子回了一句:"好假!"我听到了妈妈尴尬的笑声。

我们是不是也经常有这样的烦恼?明明很认真地夸孩子,孩子却觉得"好假";明明想赞扬孩子,孩子却觉得"你敷衍""没意思"……为什么会这样呢?

是因为妈妈们看到了孩子身上的优点,夸的时候却词穷了,只会简单重复:"你真棒!""你真能干!""你真是好孩子!"……这样的夸奖,苍白笼统,自己都感受不到力量,更谈不上去感染孩子。

所以，是时候给你一个表扬公式了！当你把这个公式记在心里，表扬孩子的时候套用一下，就会生动、自然、具体，能把孩子越夸越好。

表扬公式是什么呢？

表扬＝描述事实＋妈妈的感受＋品格总结

描述事实，就是描述你看到的或听到的真实的事情。就像足球讲解员那样："我看到5号球员带着球绕过对方的3号球员，然后，临门一脚，射！"就是这样描述，不夸大也不缩小，是什么就说什么。

以往孩子要你提醒才去写作业，而这个周末他约了跟小伙伴一起玩，于是，他在周五晚上就自动去写作业了。此情此景，你可以描述事实："今天我一进家门就看到小赵同学在写作业，而且写得很认真，妈妈回来都没顾得上抬头……"

看到孩子帮你扶门等你通过，你也可以描述事实："刚才过那道门的时候，你没有急匆匆地进去，而是细心地帮爸爸扶了一下门……"

除了描述你看到的，还可以描述你听到的或读到的。

比如一位爸爸听说孩子在学校认真听讲，他这样跟儿子描述事实："今天遇到周老师，周老师跟我说你最近上课很认真，上次他看了你的听课笔记，记得很清爽，还用不同颜色笔做了标注……"

一位妈妈读到校讯通上的短信,她跟孩子这样描述事实:"我今天收到老师的短信,说你作文写得很生动,老师们互相传阅,看得很欢乐……"

描述事实就是把事情说具体,不一定要有多好的口才,把你知道的都告诉孩子就行,尽可能地把细节都表达出来。听到关乎自己的事情,无论说多少,孩子都听不够的。

描述完事实,下面就是谈妈妈的感受,当然也可以是爸爸的感受,感受包括:欣慰、高兴、开心、觉得温暖、被感动……你感觉是什么就说什么。

比如接上面那些话:

"今天我一进家门就看到小赵同学在写作业,而且写得很认真,妈妈回来都没顾得上抬头。妈妈看了很高兴……"

"今天遇到周老师,周老师跟我说你最近上课很认真,上次他看了你的听课笔记,记得很清爽,还用不同颜色笔做了标注,爸爸听了感到很欣慰……"

如果你不知道说什么感受,你直接说高兴就行了。你高兴,孩子也会高兴,因为自己让父母感到高兴,对孩子来说是超有成就感的事。

品格总结是什么呢?就是说出这件事表现出了孩子身上具备的某种品格。比如:自律、认真、爱学习、会思考、勤劳、勇敢、自我要求高、会照顾别人……也就是帮孩子贴一个好的标签,促进他以后往这个品格上靠拢。品格总结有时候还会成为对孩子的引领，让他知道，哦，原来我主动写作业就是"自我管理"，原来我放弃了玩去写作业就是"自律"……那么下次你跟孩子谈"自律""自我管理"这些词的时候他就有了具体的认知，就知道怎么在行动上往这种品格上靠拢。

好，下面再举些具体例子：

妈妈看到孩子写字很认真，她这样运用表扬公式表扬："嗯，我看到你把'上'字的最下面一横写得很平，哇，这一行看起来整齐划一，妈妈感到赏心悦目，你知道这是什么品格吗？这是认真！"

奶奶看到孩子帮爸爸盖被子："爸爸睡着了，你给他盖了被子，奶奶感到很欣慰，你是一个关心他人的孩子。"

我希望大家熟记这个公式，不断运用，直至用到自然为止。

如果夸不出口或者觉得直接说出来很肉麻，或者觉得总是说个不停干扰了孩子的专注，你也可以用便利贴写下来。然后贴到你们家的冰箱上，也可以贴在学习桌前，也可以贴在一个专门的黑板或白板上，孩子读到了，和说出来的效果是一样的。

家长的沟通方式变了，孩子就跟着也变了。所以在教育孩子的过程中，我们做个有心的妈妈，收获会很多。

有人会问：对于孩子，是不是只能表扬不能批评呢？当然可以批评。

批评也有公式，在这里给大家介绍一个三明治批评法，能让你的批评容易被孩子接受。

什么是三明治批评法呢？就是说话分三层，把批评夹在中间层，具体的三层是指：第一层，曾经的好；第二层，今天不好的地方；第三层，批评者的希望。

比如孩子写字不认真，你直接说他写得不好，他会很生气，甚至跟你对着干，用三明治批评法这样对孩子说："你昨天写语文和数学作业时字都写得非常清爽，今天怎么这么潦草敷衍呢？我希望你把心定下来认真写，写完就可以休息了。"

这样的批评听起来顺耳，充满爱意和鼓励，该说的也都说到了。孩子自然就会改正。

以上方法大家学起来，做父母的懂点技巧、花点心思，就能在孩子身上看到成长！

表扬可以"变三变"

◆ ◆ ◆

夸奖除了用表扬公式直白地说出来,我们还可以把夸奖变变身,进行一些隐形的不着痕迹的夸奖。

夸奖可以化身为感谢

如果在单位,你的领导特别器重你,说你做这件事比别人靠谱很多,你是不是特别乐意去做?哪怕没有额外奖励你也会不辞劳苦,因为对你来说被委以重任本身就是荣耀。

而被委以重任、被大人感谢,本身对孩子来说也是一种褒奖。如果大人再将这份感谢说出来,那对孩子的激励就更大了。

我们来看看大树爸爸是如何将夸奖隐藏在感谢中的。

一天晚上，大树一放学回家，饭没吃、澡没洗、作业未写倒头就睡。

爸爸下班回到家，看到大树睡着了，他没有喊醒孩子，而是轻手轻脚地给孩子盖上被子。

一睡睡到了12点，孩子醒了赶紧问爸爸："几点了？"

爸爸反过来问他："你饿吗？饿了咱们先吃点东西。"

大树问爸爸："爸爸，你也没吃啊？一直等我到现在？我作业还没写呢……"

抬头一看12点了，大树怕爸爸生气，赶紧跟爸爸说："爸爸，今天是父亲节，千万别在过节的时候生气，我这就去写作业。"

爸爸说："怎么可能生气呢？谁没个累的时候，你先洗澡醒醒瞌睡，然后吃了饭再写……"

大树爸爸就是守怡，前面跟大家讲过，这对父子相依为命，爸爸曾经特别暴躁，动不动就打骂儿子，搞得儿子不想学习。后来，爸爸一直学习用正确的方式和孩子沟通，孩子对学习反而上心了。

天亮后爸爸一喊，大树就起床晨读了。

上学路上，守怡感谢大树送给他的礼物。大树不明就里，问爸爸："是感谢我今天早上给你留的奶茶？"

141

爸爸说："不是的，爸爸谢谢你给我的精神礼物，你能夜里起来完成作业，这叫责任心。能那么困还坚持起来早读，这叫自律。你的责任心和自律就是今天送给爸爸最好的父亲节礼物。"

大树咧嘴笑了，下车时冲爸爸挥手告别，并嘱咐爸爸路上注意安全。

守怡就是将夸奖巧妙地化身为感谢，不着痕迹又表明内心的感动，儿子更加觉得应该努力学习，有所担当。

夸奖可以化身为好奇

绿杨白沙的孩子放学时告诉妈妈两件事："第一，他在课堂上几分钟就背出了课文的译文，老师特地给他们小组贴了两朵小红花，所以他们组这周的排名是第一。第二，他这次数学测试比之前进步，被老师奖励了一支荧光棒。"

妈妈欣喜地问："你这么厉害，是怎么做到的？"

孩子说："背书快是因为我提前预习了，数学测试进步是因为之前看了错题集，今天有一道题和之前的错题一模一样。"

你看，这样的好奇既表达了惊喜又表达了钦佩，还促进孩子自我探究、自我总结，梳理了自己获得表扬的原因。

绿杨白沙的做法被我肯定后，大娟晚上就对儿子进行了"现学现卖"。她得知儿子地理考了一个很不错的分数，就问儿子："地理考这么好，你是怎么做到的？"

结果初二的儿子开玩笑说："上课睡觉梦到的。"

大娟说："尽管孩子这样开着玩笑，其实他还是挺骄傲和自豪的。"因为妈妈的问话代表着肯定，还夹杂了些许崇拜。

夸奖化身请孩子帮忙

心怡是二年级的小朋友。周末的时候，心怡妈妈请女儿帮忙叠一下被子。

被子叠好了，妈妈对女儿表示真诚的感谢。心怡更加勤劳了，常常帮忙扫地、洗菜、照顾弟弟，干得可欢了。

不仅如此，胜任感让心怡自律心爆发，做完事情，还主动把老师布置的口算作业提前完成了。

当一个孩子被家人夸赞的时候，他就更愿意好上加好。

夸奖可以让孩子无意间听到

在成年人的世界，当面夸奖可能是有所求，如果一个人在背后夸奖你，那往往是真的欣赏和赏识。

孩子也许不能分辨出什么人前人后，但他绝对能辨别出你说话的场景，你说话的语境和你的真诚。有时候我们当面给孩子太多夸奖，会在无形中给孩子带来很多压力。他看你这么信任他、赞许他，他害怕自己不够好，而让你伤心。于是，有些经常被人夸的孩子，反而会故意做出一些出格的事情，为的就是证明自己没有那么完美，给父母一点点心理准备，希望父母减少期待。

我曾经在医院工作过，帮病人扎针时，有的病人家属为了鼓励我，总是无缘无故地说我会"一针见血"。我常常是"一被夸准坏事"，就是那种越被夸越不行的人。这也许跟心理素质有关。

但是如果有人在背后说我技术好，我的压力就会小很多。

所以为了不给孩子压力，我们也可以进行背后夸奖。当然可以巧妙地让孩子听到。

比如说你打电话给你的妈妈，无意间谈到孩子，你跟老人家说："浩浩最近表现不错，错题都是自己订正，学习有很大进步！"

无论孩子在做什么，当你提到他的名字的时候，他都会竖起耳朵认真听，无意间听到妈妈对自己的肯定，那真是比吃了蜜都甜。

曾经我和弟弟一家在一起，当时聊到十岁的小侄子的学习问题。我故意说："我觉得壮壮对自己是有要求的，他学习也很刻苦。"我偷偷观察在一边玩拼图的侄子，他立即停止了动作，很专心地听我们讲话。

孩子是敏感的，也是在乎大人评价的。如果我们在和旁人的聊天中时不时透露出对孩子的欣赏、信任以及夸奖，孩子会觉得你真诚，也会更加想做好。

总之，我们要做多多发现孩子优点的父母，当你真正这样做，会从孩子身上收获很多惊喜。

睿睿经常完成不了课堂作业，被老师留校。每次放学出来都犹豫着朝前走，可怜巴巴的，不敢看妈妈，生怕被妈妈责怪。

妈妈后来改掉了总是呵斥孩子的习惯，学会沉下心跟孩子好好沟通，对孩子包容并多看孩子的优点。妈妈说："这一天孩子出校门，居然像一只小鸟一样张开双臂跑过来抱住我……我真的越想越心酸，这才是一个九岁孩子该有的状态啊，我以前是把他怎么了？"

有一次睿睿表现好，老师奖励了三颗小番茄。孩子一到家就翻书包，说在学校吃了一颗特别好吃，另外两颗带回来跟爸爸妈妈一起分享：多么珍贵的小番茄！多么珍贵的值得铭记的亲子时光！

诺诺妈说，她进父母学习小组以后，常常对孩子表达信任和信心，有一次无意间听到孩子对爸爸说："我妈妈一直说我用功，我可不能打妈妈的脸。"

在课后的兴趣班，诺诺会特地去跟老师要纸杯接热水给妈妈喝，并跟老师说："我妈妈肚子疼，不能喝凉水。"

而以前诺诺妈都认为孩子很自私，自从她学会欣赏孩子以后，诺诺变成了一个小暖男，一点也不自私！

……

太多太多这样的实例。

当我们学会用欣赏的眼光看孩子的时候，孩子小小的身体就会迸发出积极向上和认真努力，而我们因为学会了欣赏，也终于看到孩子本来具有的璞玉般的纯真光芒。

也有人问：我的孩子一夸就飘该怎么办？

一位妈妈这样说："我家这丫头，我稍微夸她，她就很狂，觉得自己很厉害，不可一世。我跟她商量错题能不能少错点，她立马说不可能，你这样讲话，我可能错得更多。她这是夸奖导致的问题吗？"

一个十来岁的孩子，家长对他认可，他才会把自己的天性释放出来。其实，这种状态才是一个孩子该有的状态：恣意的，活泼的，敢于表达的……

再者，对话中孩子表现出的傲慢并不是因为妈妈夸奖导致的，而是妈妈对她提了"无理要求"（题目少错）后的反击，与夸奖无关。

另外还有人会说："我一夸，孩子就觉得我对他没要求了，怎么办？"

这是你平时对孩子的态度导致的。你是不是平时心情一好对孩子要求就不那么严格，对他的行为就睁一只眼闭一只眼了。你心情好的时候夸孩子，以至于让孩子误以为你夸他，他就可以不遵守规则了，所以要改的是你！

你要练习对孩子始终心平气和，始终要求严格，学习用最平和的话说出严格的规定，心情好也是如此，心情不好也是如此。一直坚持这样，孩子就不会被你一夸就不遵守规则了。

第六章

一句抵万句的沟通金句

"你辛苦了"——让孩子为自己学习

◆ ◆ ◆

我常常跟家长朋友们讲：话多不如话少，话少不如话好。

和孩子在一起时，家长说话太多，大量的语言信息孩子的大脑根本处理不过来。家长的唠叨还特别容易破坏孩子的专注力，而孩子到了青春期，需要私人空间和自我思考，如果父母依然话很多，孩子会嫌烦，就很容易发生争执。

我常常教大家不要唠叨，许多家长也知道唠叨会使孩子烦躁，可是怎么才能不唠叨呢？

我给大家一个小建议：<u>每天回到家跟孩子待一起的时候，要求自己不说话半小时</u>。

另外，如果实在想说，就说有效果的话吧。下面我给大家总结了一些"一句抵万句"的话，大家可以用这些话去跟孩子交流，定能收获很好的亲子关系。

第一句应该经常对孩子说的话是:"孩子,你辛苦了。"

我们从孩子上小学的第一天起,就急切地想了解孩子的学习问题,日常亲子对话充斥如下内容:

"听得懂吗?老师有没有喊你回答问题?"

"你有没有认真听课?"

"你有没有好好写字?"

这样的车轱辘话循环了很多年,到了小学高年级,孩子开始对你的询问应付了事:"还行!""没什么……"

到了初中,孩子开始对这些问话显出不耐烦,总是顾左右而言他:"妈,我饿!"

到了高中,孩子直接拒绝回答,有时候还会顶你一句:"妈妈,能不能问点新鲜的?您可真烦!"

我曾经做过一个调查:"你们去接孩子放学的时候,第一句话一般会问什么?"当时在场的二百多位家长,几乎所有妈妈都举手表示,她们问的都是:"你认真听课了吗?作业还剩多少?老师讲的你懂不懂?"

妈妈和孩子之间的话题,似乎只剩下学习。很少有妈妈去关心孩子:"今天在学校有没有交到好朋友?""跟同学玩得开不开心?""老师哪个地方比较有趣?""在学校想妈妈没有……"

而在孩子那边，跟同学相处、捡到一块奇怪的石头、老师和我们开玩笑……才是他们真正的生活，才是他们真正想向妈妈报告的东西，可惜，爸爸妈妈们似乎总是不想听。

试想一下，如果你下班，孩子迎上来，急切地问："今天有没有好好上班？""领导夸你了吗？""工资有没有提高？""为什么领导不派你做那件重要的事而派了张阿姨……"

你披着一身的疲惫，还未换下磨脚的高跟鞋，却要接受这样的灵魂拷问，请问，你会是什么感觉？你是不是很想怒斥一番？或者颓然地坐在换鞋凳子上不想说一个字？你是不是会觉得这个家冷冰冰的，没有一点去融入的愿望？

所以，我们接孩子的时候，与其问东问西，不如直接问候一句："孩子，你辛苦了！"这一句会给孩子带来不一样的感受。

父母学习小组里的组员守怡，对我的建议总是有很强的执行力，他每天接到孩子的第一句都是："儿子，你辛苦了！"一直坚持到孩子上高中。

有一次，他站在校门口等孩子。那一天是期中考试，有孩子陆续出来，其他家长们接到孩子的第一句都是问："考得怎么样？"

他想想自己的与众不同，就觉得好自豪！

守怡说："孩子的确辛苦啊！考试要坐那儿好几个小时，坐在那儿一动不动就很辛苦，何况还要奋笔疾书、苦思冥想、绞尽脑汁！"

每次，他跟儿子说一声："儿子，辛苦了！"孩子都会开心地咧开大嘴，经常跟爸爸开玩笑："为这句'儿子，辛苦了'奋斗！"守怡一下子就觉得天蓝地阔。

聪明的父母都是会说话、会哄孩子开心的父母。

香香家孩子上初一，在一次育儿日记中，她写道：

以往接我家哥哥放学的时候，见面第一句我常常问，"今天在学校学习怎么样？有什么好消息分享吗？"孩子总是简单回一句："很好。"今天我改变了，我对孩子说："学习一天辛苦了！"孩子非常认真地看了我一眼，说："学习是自己的事，不辛苦。"然后他整个晚上都比以往开心。

"良言一句三冬暖"，妈妈只是真诚地肯定了孩子的辛苦，孩子一晚上心情都变好了。心情好的状态下学习效率会更高。为了孩子有更高的学习效率，"你辛苦了"这句话一定要常常对孩子说哦！

如果你还想就着"你辛苦了"这句话，能带给孩子更深入的引导和更有力的支持，我们还可以将"你辛苦了"的问候进行对话升级，升级的句式是："你辛苦了"＋具体描述。

这个具体描述可以是孩子的学习时长，对某个困难的克服，舍弃玩乐等具体事件；也可以是时间、位置等方面的描述；也可以是你内心感受的描述……总之，随意发挥，像足球讲解员那样把自己看到的讲出来，不一定要什么非凡的口才，也不一定要有什么逻辑顺序，更不必害怕自己讲不好。你和孩子是父子、是母子，像聊天那样讲出你看到的事实就行。

比如毛儿妈写的育儿日记：

> 我家是初一的女孩，学习比较自觉。每天晚上接到孩子的时候，孩子说得最多的一句话就是："人都要废了！"
>
> 我就对孩子说："毛儿，你辛苦了！一天下来确实很累。你看你从早上六点二十五就出门，到晚上八点才到家，晚上还要学习到十点半左右，真不容易！明天周末了，不需要早起，我不喊你，一定要多睡会儿！"
>
> 女儿对我说："怎么可能，我自己会调闹铃的，都要期中考试了，我没数嘛！"今天早上她调好七点半的闹铃，七点四十就起床了。

这位妈妈就做得特别棒，不仅说了孩子辛苦，而且还详细地描述出来。当你详细描述了，你的语言就不那么空洞，会让孩子知道，我做的妈妈都看在眼里。得到家长的肯定，孩子会愿意去做那件妈妈一直肯定的事情。

再者，你帮孩子详细描述出来，对孩子来说也是一个复盘和总结："原来我今天起那么早，我是早起的鸟儿。"然后他就会想到，"我去学校干了什么呢？嗯，我今天认真听课，好好写作业了，今天收获不错哦！"他心里的下一句也许就是："明天还要加油！"通过这种方式促进孩子更好。

所以，当孩子写完作业，放学回来，出去参加了社团，去参加了比赛，我们都可以用这样的句式：你辛苦了＋具体描述。

有家长朋友会说，不习惯这样的表达方式。表达方式有时候要像练一门外语一样，多多练习，才能逐渐熟练。你实在觉得别扭的情况下，不要忙着责怪自己，用这个最简单的方法，就说一句"你辛苦了"然后其他时间都闭嘴，回家该干吗干吗，不要着急指挥孩子、左右孩子。相信"你辛苦了"这句话的力量。孩子可能进入状态很慢，但他最终真的会想起写作业，你只要耐心等待就行。

当你将"你辛苦了"这句话说得比较熟练、比较真诚也比较发自内心的时候，你就可以试着去升级你的版本，加上一些描述。

有时候，仅仅多说了一句描述的话，孩子就会大受鼓舞。有妈妈对孩子说："我发现你今天书本排得很整齐！"孩子之后会将书本排得愈加整齐。

当你的描述越来越起作用的时候，你就会越来越多地运用，随着运用的次数增多，你就会说得越来越自然。这也是好结果对我们的促进，不管是大人还是孩子，成功永远是成功之母。

一定要想办法让自己达成第一个成功点，成功会不断催化其他的成功。久而久之，孩子就会被你推动！

常说"对不起",提升父母形象

◆ ◆ ◆

我们常常羞于承认自己的错误。一个人上班迟到了,他会想办法掩盖自己的错误:假装自己看错时间,或者找借口说自己车子坏了或者路上遇到了某种状况耽误了,总之很难承认"是我自己的问题"。

对孩子们,我们就更难承认自己的错误了——即使错了,我们往往也不肯承认;有时候勉强承认了,嘴上却不明确表达歉意;有时候也表达歉意,却说得遮遮掩掩……特别是有些爸爸们,自认为做父亲的都没有错,错了也要将错就错。我家孩子爸爸后来也是这样,发现自己错了会变得殷勤、和蔼、讨好,但要他嘴上承认错误,是很难的,似乎一旦承认错误就失去了家长威严。

家庭生活中,家长总是不肯承认错误,又怎么能指望孩子进步呢?我们都希望孩子能知错改错,但面对不肯承认错误的父母,孩子向谁去学习这种知错就改的能力？

道歉其实是很有力量的。道歉的力量用在亲子教育中会发生特别大的威力。你在孩子面前一旦肯低头，孩子就感觉到了被尊重。当一个孩子被尊重，他只会越来越好。而且你的优良风度会影响到孩子，他也会成为一个勇于承认错误的人。知错而后勇，不知错的人是很难成才的。想要孩子成才，就要善于向孩子道歉。

对于道歉这一块，我印象比较深的是父母学习小组里的欧欧，她的孩子三年级。欧欧在进学习小组之前，管教方式都是大呼小叫。而她女儿的性格和她一样刚，小小年纪也学会了猛烈还击，家里经常鸡飞狗跳，"吵得整栋楼都听得见"。

比如电视，她要孩子关电视，孩子不肯，她开始吼，孩子开始胡搅蛮缠，各种理由，各种说辞。她生气大吼，孩子报以尖叫反抗，然后外婆出来两边劝……祖孙三代在家里乱成一锅粥。

欧欧说："孩子爸常年在外工作，我们一家三代时常扰得四邻不安，看到邻居都觉得很抱歉。"

后来，欧欧开始学家庭教育，决定用亲子谈话五步法跟孩子聊聊电视的问题。

欧欧说她其实没有用全，只用了个开头，她真诚地向孩子道歉："妈妈以前总是按照自己的想法要求你，总是吼你、强迫你，一点也不像个好妈妈，妈妈现在决定学习做一个正确的妈妈，你能帮我吗？"

一番话让孩子很感动，她抱着妈妈说："妈妈，我原谅你，你也不想这样。以后你吼我的时候，我提醒你，你就停止好不好？"

欧欧点了点头。然后她问孩子："今天动画片看一集还是两集？"女儿乖巧地说："一集。"

一集动画片看完，欧欧只问了一句："看完了吗？"孩子立即关了电视，并主动把遥控器送给欧欧，然后高高兴兴地看书去了。

欧欧说："道歉太神奇了！我觉得像在做梦。"

除了向孩子道歉之外，生活中，夫妻之间也要常说"对不起"，给孩子营造一个有错就承认的家庭氛围。在孩子成长过程中，父母一直是他模仿的对象，孩子是有样学样的，你在家表现得什么样，孩子就会学什么样。

怎么给孩子道歉呢？如果说不出口，就写出来。

很多家长不知道怎么写，下面是淼淼妈写给淼淼的道歉信，大家可以参考。

淼淼宝贝：

　　对不起，妈妈今天骂了你。其实你这两天一直很努力，作业本上的字也写得很漂亮。

　　妈妈生气是因为你辛苦做出来的题目因为计算错了而功亏一篑，太不划算了。但妈妈骂你不对，你能原谅妈妈吗？

　　明天开始，妈妈陪你一起练计算，那么难的思维题都难不倒你，咱们还怕这些简单的计算吗？

加油！宝贝！妈妈爱你！

妈妈

淼淼当时收到这封道歉信都感动哭了。一旦你开始给孩子写信，孩子就感觉到你的认真和郑重，何况你还是写信道歉？

再看看鼎鼎妈在学习小组里的打卡，也是有关道歉。

今天早上为录英语作业的事跟鼎鼎发生了冲突，原因如下：有两个自然拼读她读错了，我在旁边指出来，她就哭了。我也很蒙，大声斥责她："为什么哭？读错了还不能说？"鼎鼎突然就摔了手中的英语书。我非常生气，恨恨地对鼎鼎说："我帮你指出错误你应该谢谢我啊，你为什么还对我发脾气？我今天可不愿意送你上学，你自己去吧！"

不过后来我还是送她去上学了。

送孩子上学后，通过月方老师的指导，我认识到了自己的错误：孩子读错本身就很难过，被我直接指出来很伤自尊，而且我还凶巴巴的，就让孩子更难过了。

中午回家的路上我跟鼎鼎道了歉，她很快就原谅了我，那一刻我很惭愧，我甚至没有一个8周岁的孩子大度。我问她："你想谈谈早上的事吗？"

她说："晚上吧。"我说："行。"

爸爸出差不在家，晚上我跟她两个人召开了家庭会议，用亲子谈话五步法，我记录，她说出今早的不愉快是因为："我正在拼读，你直接指出来让我很难堪，我希望录完了你再指出来……"然后表达了不喜欢妈妈说"不送她上学"的话，"上学是一件重要的事情，是去学知识的，你不能一不高兴就不送我去上学。"

我全程没有发言，认真倾听并记录，到了我发言，我再次向孩子道歉："再也不说不送你上学的话，以后录英语作业我都不着急，由你自己录，我不干涉。"

会议在温馨的拥抱中结束了。

我们还决定一起去超市购物，买自己想吃的。走在路上，鼎鼎说："以后再发生类似的事，我们还要继续谈！"

我惊讶得合不上嘴，我的鼎鼎居然能够防患于未然，她只是一个二年级的孩子啊，我立马肯定了她："你具备一个大人冷静的头脑。"

通过今天的事，让我又发现了女儿的优点，也发现了真诚道歉的力量。

再看看李李妈反馈的七年级李李对道歉的反应：

育儿过程中，我因为焦虑、无助、迷茫，选择了进父母学习小组，我认真学了亲子谈话五步法好几遍，对其中的"共情"感触最深。我好像从来没有认真听过孩子的心声，老师反映他"浮躁""贪玩"，我就生气地指责他、否定他，多次情绪失控，对他非打即骂。

昨天我跟孩子道歉，起初我以为他不会理我，因为曾经我在他面前哭得声泪俱下，他都无动于衷地看着我，脸上表情很冷漠。但是昨天我跟孩子说"对不起，妈妈以前对你很粗暴，我想起来就很内疚……"孩子居然对我说："妈妈没事，都过去了，你不要放心上，不要难过了……"

孩子居然反过来安慰我。我感动极了，仔细想想这些年他一直包容着我的坏脾气，而我总是嫌弃他这不好那不好。所以，从现在开始，我要静下心来，改变自己，而不是总想着去改变孩子。以后我会一步一步用心学家庭教育，做一个合格的、有耐心的妈妈……

……

大人稍微改变一点点，孩子就感动得不得了。孩子们听到大人道歉的话，眼泪总会夺眶而出，他们的委屈憋了那么久，大人一旦道歉，孩子心的闸门就打开了，情感就表露了出来，就释放了忧伤、恐惧和担心。

孩子被感动后，立即唤起了生命的热情，变得积极向上，变得乐于沟通，变得懂礼懂事。

每次家长跟我说："我孩子考不好他无所谓。""我孩子被老师批评无动于衷。""我孩子被我骂，面无表情。"……我想告诉他们的是：这些都是假象。

这些都是孩子因为害怕而戴的假面具。他们怕什么？怕你们的冷嘲热讽，怕自己会遭到二次伤害。所以他们就表现出很冷漠很无所谓的样子。只有温暖才会唤起软弱，如果你的孩子过于冷漠无情，那多半是因为你的举止让他们不得不伪装，做出让你心寒的假表情。

一位爸爸跟我说：以前他跟儿子凶，总是打儿子，儿子一滴眼泪都没有，考得差就忙着自我解嘲，表现出无所谓。后来，爸爸改变了自己的态度和教育方式，不再打骂孩子。儿子考得不好，爸爸会说："没事没事，我们再努力。"爸爸说："奇怪呢，身高一米八的儿子反而在我面前一下子就哭了起来。"

这不是软弱，这表示孩子在你这边感受到了安全，他可以尽情释放自己。他真的在乎自己的成绩，以前伪装得好辛苦，他现在终于不用再伪装了。道歉令亲子关系进步！

对孩子说:"没考好,你肯定很难过……"

◆ ◆ ◆

有一句话对孩子说了,特别管用,这句话就是:"没考好,你肯定很难过……"

这句话非常考验家长的定力、心性和情绪调整能力,如果家长面对孩子不理想的分数、心中怒不可遏时,依然能说出这句话,收获将会巨大。

有很多家长对我说:"别逗了,我孩子考得不好,他一点也不难过的!面对一个满不在乎的孩子,我怎么可能说得出这句话?"

如果一个孩子对考试成绩真的不在乎,那么基本表明他在学习方面长期受碾压,对学习已经不抱任何希望,对自己已经失去了信心。一个对自己失去信心的人,是真不难过吗?不!是难过到不知道怎样难过了,是假装不难过、假装无所谓。这种情况,心理学上叫"习得性无助",用现在流行的话说,叫作"躺平"和"摆烂",用粗俗的话说,叫"死猪不怕开水烫"……此种表现,恰恰是很深很深的自我放弃。

一些更小的孩子,面对考试低分不难过,有可能是被家长的愤怒或忧伤吓着了。一个被吓坏的孩子,表情会是木木的,这其实是面部表情系统处于临时关闭状态,不是不难过,是被吓得顾不上难过。

当然,如果你的孩子尚小,还不知道考试为何物,那另当别论。

但是,只要你的孩子在上学,他总有一天会因为分数而情绪起起伏伏。请你收藏这句"考得不好,你肯定很难过……",总有一天你会用到。

所以,在这里提醒各位家长,哪怕你孩子表现得不难过,你也要动情而缓慢地对他说出这句话:"我知道,考得不好,你其实也很难过……"

对于10岁之前的孩子,当你说他很难过时,感情外露的孩子会情不自禁地流下眼泪,特别倔强的孩子,心弦被轻轻拨动后,神情会变得沮丧而忧伤。

对于10岁以上的孩子,也许会羞于真情流露,别过脸、转过身,但其实是为了掩饰快要流出的泪水,即使再大的孩子也容易被这句话触动。

太多家长看到孩子不理想的分数，要么批评，要么说教，要么生气发火，甚至还有家长对孩子大打出手……种种操作，很容易让孩子真的"躺平"。

也有父母提出："我孩子只难过一会儿。"只难过一会儿，这不是优点吗？对于难过的事，我们本就不应该一直纠缠下去，放下，往前，才是积极的生活姿态。很多父母看到孩子只难过一会儿，心理不平衡，想让孩子难过很久，似乎只有难过很久，孩子才会积极上进。

其实大错特错！良好的情绪才能促进孩子变好，父母的包容反而能让孩子积极上进。不信来看看咱们父母学习小组的实例，看看"考得不好，你很难过"这句话威力有多大。

然宝在剑桥英语测试中没能考90分，孩子面对妈妈是有几分胆怯的，因为妈妈平时对她要求比较高，低于90分就会说一通，而这次妈妈一改常态，对孩子说："我知道没到90分，其实你才是最难过的。但我看了一下这次试卷，挺难的，我觉得你考到88分已经很不容易了！"妈妈的宽容让孩子有点不好意思和不敢相信。

妈妈还给她买了面包和烧烤。孩子接过以后，使劲地抱着妈妈亲了好几口，并对妈妈说："我回去以后要把错的地方再记一记。"

妈妈对我说："然宝主动记挂着回去要把错的地方记一记，这是第一次！看来妈妈的宽容真的能促进孩子主动学习！"

的确如此，当你并不责怪孩子考得不好，并真心实意地知道他也难过的时候，孩子紧绷的心就放松下来，放松了，才有能量去思考学习的事情。与其臭骂孩子一通，让孩子一直沉浸在自我否定、自我摧毁中，聪明的你为何不共情一下，让孩子放松下来去主动学习呢？

孩子改变的开关在父母身上，父母变了，孩子就会跟着改变。

分数是我们公认的衡量孩子成绩变化的一个工具，但其实孩子内心里的变化才是最值得关注的。孩子在父母这边得到的是包容还是计较，是无条件的爱，还是"只爱你好的一面"，这对孩子人生底色的涂抹是很不相同的。

很多年纪大的人依然拧巴、斤斤计较，总觉得别人待他不好，除了他生活的遭遇和自己心态调控不到位，我觉得最主要的原因应该归结于他童年的遭遇。他们小时候不被父母接纳，长大了依然不能放松，无论多大岁数、无论多么成功，内心始终是焦虑、匮乏、胆战心惊的，所以就会出现"跟谁也过不好"的状态……温暖的人生底色无法用世俗的尺度来衡量，却往往是人生最重要的东西。我们一定要给予孩子的无价之宝就是：成长过程中始终得到来自父母的温暖。

满分也不该是学习的真正目的。考试如练骑自行车，我们开始学骑车时，不都是左摇右晃、在摇晃中学会掌握平衡吗？哪有一开始就稳健上道的？所以"每次孩子都要考满分"的想法也是需要调整的！

家长之所以看到低分就焦虑，是因为他们现在把学校的测试和考试都当成了结果，而没有当成一个练习的过程。

家长们不如心理强大一点，把平时考试当练车。在动态平衡中掌握学会学习的真本领。

考试考低分后受到的压力，对孩子来说不仅来自家长，还来自老师。

父母学习小组里的组员上善若水，她家的孩子平时很优秀。有一次测验后，老师发短信给上善若水，说："你家孩子有一道大题错了，扣了8分，她是班上唯一这道大题做错的孩子。"

是什么样的错呢？题目是：选字填词，要求在括号里填字的序号，而她家孩子直接写的是汉字，所以这道大题分数全扣了。

对妈妈来说，全班唯一错的人是女儿（意味着倒数第一），可想而知妈妈内心的焦虑和抓狂。

她说："如果没有加入父母学习小组，我今天肯定会狠狠说丫头的！"

我告诉她："现在最难过的是孩子。她一直很优秀，突然被说是唯一一个做错的人，她难过得很。所以你不应该再指责她，反而应该安慰她。"

妈妈被我说得心境扭转过来了，一下子很心疼孩子。

晚上回来，妈妈跟孩子共情："一下子扣掉8分，其实你最难过……"孩子就趴在那儿哭了好久，才二年级的孩子，不应该一次错误就被批评那么久，她的人生刚刚开始，她有试错的权利！

孩子是我们自己的，家长一定要以正确的放松的姿态对待孩子，给孩子人生涂抹上温暖的底色，当他长大了，遇到困难，依然会想起爸爸妈妈曾经对他说过的暖心的话，这些话里应该包括这句："孩子，没考好，其实你自己最难过……"

第七章

学会用"小"五步法

只用一步也有效

◆ ◆ ◆

父母学习小组一位叫茜茜的组员,她用亲子谈话五步法和女儿谈刷牙问题,她准备用全五步。

她对女儿说:"妈妈总把工作上的情绪带回家,常常控制不住自己对你吼,就比如刷牙这件事,我完全可以好好跟你说,但我每次都嚷得震天响……今天妈妈听了月方老师的课特别内疚,我知道自己错了,对不起!妈妈以后要改……"

孩子被感动得眼泪都下来了,连连说:"妈妈没关系,没关系,我也有做得不对的地方。"母女俩深情地抱在了一起。

孩子主动说:"妈妈,我每天故意不刷牙气你,这是不对的,我以后吃完晚饭就刷牙!"

就这样,女儿每天主动刷牙,不再需要妈妈提醒。

妈妈其实只用了亲子谈话五步法里的一个很小的部分——跟孩子敞开心扉，发自内心地去跟孩子真诚交流，真情流露地表达自己的歉疚——真情换真情，女儿的变化也是妈妈始料未及的。

由此可见，亲子谈话五步法的使用不一定要走完全程，有时只走一两步，也有很好的效果。

有时候为了回避矛盾，我们可以先按常规走，等事情过了，孩子情绪也稳定了，我们再用亲子谈话五步法复盘一下这件事，商量好以后遇到此类事情怎么处理，避免矛盾再次发生。

曾有一位妈妈告诉我，孩子上学前总是很生气，送她到校门口，下车时她都狠狠地甩车门。为了息事宁人，妈妈也都忍了。然后我问这位妈妈，等放学的时候你要和孩子谈这件事吗？她说："不谈，我们就当作什么事都没发生，一起说笑着回家。"然后第二天重复上演。

不去剖析、回顾和复盘，问题永远解决不了。所以双方情绪都稳定后，一定要找个时间聊一聊那件事，这样才能确保孩子进步。

亲子谈话五步法一定要坐在那儿正儿八经地开始吗？不一定。亲子谈话五步法有时候信手拈来，不需要场地，也不需要道具。

父母学习小组里的晶晶，把和儿子的对话都理解为一场小小的亲子谈话五步法。比如儿子默写时字迹潦草，她问儿子："怎么回事？"儿子说："今天默写本忘带了，匆匆忙忙找了个本子代替，时间不够，所以就写得潦草了。"晶晶说："本子没带真的很着急，但被老师在班级群批评，妈妈也会没面子。你有什么办法避免吗？"儿子说："我已经想好了，以后每晚睡前整理好学习用品，早上再检查一遍。""好，妈妈也会和你一起整理！"

一小段对话，亲子谈话五步法却走全了。晶晶说，小五步法的诀窍就是：说孩子感受＋说自己感受＋问儿子解决之道，最后一起执行，就行了！

亲子谈话五步法不一定要用全，用上其中的一两步也能达到很好的效果。但如果和孩子谈一件大事（你认为的大事或孩子认为的大事），我还是劝你要认真准备，然后和孩子一起按照详细步骤来谈，太过随性会显得草率、敷衍以及轻视。

面对沉默，及时叫停

◆ ◆ ◆

有朋友说：我经常和孩子一起用亲子谈话五步法沟通，但经常进行到中途，谈话进行不下去了怎么办？

譬如前面提到的，青春期的大孩子对父母产生了很多失望和不信任，很难吐露心声。你说什么他都沉默，问他有没有什么想法，他更是一言不发。这个时候，做父母的不要和孩子耗，而应该及时暂停，跟孩子说："不想说就不说，今天就到这儿吧，你有什么想法可以随时来找妈妈（爸爸）聊。"

然后注意在日常生活中修补你和孩子之间的亲子关系，修补方式就是：表现出耐心和接纳，和孩子重新建立连结。孩子会对你进行观察和试探，以确保你是不是真的改变。无论孩子多么不配合，你都要坚持下去。当孩子发现你是真的想听他的想法并尊重他的想法的时候，他就会来跟你说上一两句，直至敞开心扉。

有个幼儿园的孩子在学校打别的小朋友，一开始妈妈用亲子谈话五步法跟他谈原因，孩子就是不说。妈妈后来暂停，建议孩子先吃块蛋糕，并持续地表示"妈妈就是想听你真实的想法"。孩子让妈妈发誓"不会生气"后才放下戒备，告诉妈妈：那个小朋友欺负另一个小朋友，他打抱不平就打了对方。

原来是这样，真相大白了，亲子谈话五步法才能继续进行下去。

妈妈一次次暂停，一次次忍耐，终于换来了孩子的进步。

当孩子表现出抗拒，不代表孩子就不会进步。抗拒往往是因为孩子不习惯、不愿甚至不屑于去表达。关键是在这"亲子至暗时刻"，父母必须忍耐，并真正接受孩子眼前的样子：允许他犯错、拒绝、抗拒……不要试图改造他，要改变就改变我们自己。当你能接受孩子，孩子就开始接受自己。一旦接受了自己，孩子就开始想变好。

谈话谈不下去的时候，父母要学会积极暂停，暂停不是放弃。暂停是留有余地，不让关系进入死胡同。

积极暂停除了忍住火气或失望走开，不再追问、不再逼迫，其实还有一个更积极的方法，那就是布置一个家庭冷静角。这个冷静角可以是卫生间，可以是楼梯间，可以是家里任意一个角落，或者就是一顶儿童帐篷，里面放上椅子或软垫子，再放上一些书，或者一些玩具……家里有谁生气了，都可以主动去那里避一避，等情绪好了再出来。

大家可以在家庭会议上公布这个"好去处"。遇到情绪，父母带头进去，给孩子做示范。

一位妈妈说，他们家头天布置"冷静角"，第二天就用上了。当时她和孩子一起复习功课，错过三次的字孩子还是写错。妈妈对孩子说："你怎么老是错！"妈妈的声音提高，眼看就要"爆"了。孩子怯生生地提醒："妈妈，冷静角……"妈妈得到提醒，去了冷静角。40分钟后回来，发现孩子已经把其他作业认真做好，把记忆本拿出来抄了5遍错字，还给妈妈倒了杯玫瑰花茶……

做完作业，孩子又用亲子谈话五步法主动跟妈妈谈了用记忆本记错题的事。妈妈很吃惊："没想到及时暂停这么管用！"

另一位爸爸说，他辅导孩子作业快要吐血的时候，进了他家的"冷静续航站"，情绪稳定后回来，发现孩子居然自己做完了作业！"情绪避难所"不仅改变着去"避难"的人，同时也改变着在"避难所"之外的人。

学会暂停，是积极、美好的，并且是有用的。始终用正确的方式待孩子，即使眼前没有成果，你的孩子也从你身上学到了冷静、理智、尊重和耐心。

有些结果需要用心等

◆ ◆ ◆

用了亲子谈话五步法,孩子一定能发生你想要的改变吗?

亲子谈话五步法并不是以掌控孩子为目的,我们只是借助这个方法,帮助孩子梳理自己的事情,亲子谈话五步法用得好就能收到意想不到的效果。但也有些结果是需要慢慢等待的,看看父母学习小组组员然然妈的打卡。

我家然然坚持晨读了三年,但是这三年里有一个让我很头疼的问题,那就是然然读英语时声音很小,部分词语发音含糊不清还总中断。就这个问题我们用亲子谈话五步法谈了很多次都没有得到改善。我们一直在商量怎么读大声,我给他制订了很多策略,他都是开头两句读得很好,后面渐渐就没了声音。

昨天，看到父母学习小组里天天妈妈介绍自己孩子读绘本用的是点读笔，遇到不会的单词点一下就能跟着读了。我突然想到：然然读英语可能也不会啊，他是不是不会读或者怕读错才不敢出声？

于是我去问然然，然然说："是的，尽管老师教过，但有时候会忘了，又不敢问你，怕被你说，所以我干脆小声读或者不张嘴。"

天哪，以前从来没有想过他会有这个问题！然然是一个调皮的孩子，平常在学校总被老师批评，到家我也经常说他不好，导致他不太敢表达真实的想法……由此可见，我给孩子造成了多大的压力啊！

于是我告诉然然："其实我们也可以借助工具。"跟孩子商量后，上网搜索并预定了一款跟课本同步的点读笔，孩子很开心，说："以后不会就自己学，再也不怕妈妈说我了！"

我一边高兴一边内疚，平时对孩子太过简单粗暴，陪他读书的时候，总说他不好，害得孩子遇到问题都不敢正常反馈，以后一定要改！

这个例子告诉我们，有些答案是需要过段时间才能呈现，就好像水落了石头才能显露出来。

亲子谈话五步法是为了创造亲子间一种平等、平和、平静的对话，养育出一个善于表达自己、善于克制自己、善于安慰自己、善于决策的孩子。品质的培养不是一朝一夕的，它不能像流水线的机器那样，一压就能压出一批成品，它必须是像种庄稼一样，春天播种，时时浇灌、施肥、除草，经历了阳光雨露，到秋天，才能有收成。

一切的一切，都需要时间的历练，需要勇气、毅力、信心、耐心和不弃，需要慢慢磨合。事实上，我们在运用亲子谈话五步法的过程中发现，很多当下似乎没有效果的事，持续到一年后，孩子却有了变化。

我们来看一个持续的努力换来好的结果的故事。

父母学习小组的英子在开学后两周特地到小组里来表示欣喜和感谢，她说她六年级的女儿数学成绩从上学期的六七十分，上升到了这学期的94分，已经连续两次考试都在90分以上，孩子很开心，数学老师也给予了很大的肯定。

英子是在去年10月份进父母学习小组的，当时她孩子处在六年级的上半学期，寒假前一个月，学校停课让孩子们在家上网课。大家都知道，上网课最难解决的就是孩子以学习为名玩游戏或玩社交软件的问题。英子家也存在这个问题。

英子进入父母学习小组后，我建议她把重点落在帮孩子制订平板电脑使用规则上。英子说他们家就搞不定这件事。

经过了解，我发现英子在孩子使用平板这个问题上，忽左忽右，没有规矩，不够坚定。忽左忽右是什么样的？英子天天唠叨孩子"你不应该盯着平板啊""你要好好学习""你玩就像玩、学就像学"……

但孩子一说"需要平板查资料""需要平板打卡",以及其他什么情况,英子又觉得孩子要求合理,就又把平板给孩子了,然后就像个看守一样看着孩子。

每次发现孩子偷玩,妈妈就很愤怒。妈妈发泄一通情绪,孩子略微收敛一下。下一次同样的场景还会发生,不断循环,周而复始。

规矩不到位,家长和孩子都很累。家长像看贼一样,既看不好,心还累。孩子那边呢?也有她的辛苦,整天要想办法从父母那儿争取到玩平板的时间,不惜撒谎、欺骗、用计谋……导致玩的时候慌慌张张,学的时候不情不愿,真是玩又没玩好,学又没学成。

我对英子的建议是:直接用亲子谈话五步法和孩子谈一谈,规定玩平板的时间。比如周六晚上 7 点到 9 点,其他时间一律不准用,上网听课用学习机,打卡的事情由妈妈代劳等。不让孩子有机可乘。

一开始执行起来很困难,因为孩子不适应。打破旧有的模式,谁会适应呢?小孩子嘛,她会紧张、会试探、会很闹腾,甚至变本加厉地闹腾。

我给英子的提醒是:无论孩子怎么闹,你都不要让步。孩子可以表达难过、伤心、气愤,也会耍小性子……都可以,因为人有情绪可以尽情表达，但你作为家长不要心软妥协。

一周下来，孩子就适应这种方式了，平时不再闹腾着要玩平板了。两周就完全适应了，把各种活动都调整到了周末，并不影响和同学的交流。

平板的事情解决后，学习的心就定下来了。我们和孩子在一起，不要一上来就谈学习，要先把规矩到位——定规矩有点类似于平整土地，土地平整好了，播种才会发芽。

一旦这个孩子的心定下来，做作业就快多了。英子又用亲子谈话五步法跟孩子谈提高数学成绩的问题，她们定下了：利用上网课期间和紧接着的寒假，孩子每天做 5 道错题或难题，做出来再讲给妈妈听，用费曼学习法复习一下。就这样一直坚持，坚持到了新学期开学。

新学期开学，学校立即进行了期末考（上学期期末考因为新冠疫情没能如期进行，挪到了这学期）。考试的结果是：数学进步了 30 分！

规矩加方法，缺一不可，而且妈妈温和而坚定的态度影响了孩子，无形中也树立了妈妈的威严。

这是英子用两个月正确的家庭教育给孩子带来的变化。

这个过程不仅对家长是一种鼓励，对孩子也是一种激励。让孩子看到了"时间花在哪儿都看得见"；同时也能明白，想进步，时间成本必须花下去。以此为锚点，以后再遇到类似难题，孩子就懂得如何去花时间成本。

诗人余世存曾说:"年轻人,你的职责是平整土地而非焦虑时光,你在三四月做的事,在八九月自有答案。"有了经历,孩子再读这样富有哲理的话,内心的感触将大大不同!

第八章

亲子谈话五步法减负提分策略

学习上落实减负

◆ ◆ ◆

无一例外，家长们都想用亲子谈话五步法来提高孩子的学习成绩。

如果你真的想让亲子谈话五步法对你家孩子提高成绩有效，那么下面的内容你一定要认真阅读、消化并落实到行动。

很多爸妈用亲子谈话五步法和孩子谈学习，怎么也谈不到一处，更别提效果了。为什么？你给孩子布置的额外作业太多了，他根本应付不了！作业让孩子不堪重负，你谈话的态度再诚恳，策略再完美，也不起作用啊！

很多妈妈想用亲子谈话五步法让孩子乖乖听话，"叫他多刷题就多刷题"，"叫他补课就去补课"，"叫他做作业就做作业"……那不是亲子谈话五步法，那是巴拉巴拉小魔咒，世间没有此项目呢！

在这里需要重申一次：父母运用亲子谈话五步法要认真地倾听孩子的想法，真诚地和孩子沟通，按照孩子的思路和孩子一起慢慢摸索，去想策略的可行性……亲子谈话五步法，绝对不是用来控制孩子的一种手段。

而要想亲子谈话五步法在提高成绩上有效，你额外还要给孩子进行减负。

进父母学习小组的家长，我也常常分析他们孩子问题的原因，很多孩子在幼儿园就开始忙着练字、学加减、学拼音，因为孩子能力达不到，完成不好，家长就焦虑地给孩子扣上了"不爱学习"的帽子。有的孩子被情绪暴躁的家长吓得不爱写、不想写，也不愿写，还没正式上学，就已经非常害怕学习了。

还有的孩子刚上一年级，就被爸爸妈妈压着做很多课外题，每天要做100道计算题，出现3个错误就要罚做20道，越写越错得多，错得越多越要写，一边写一边错，恶性循环，孩子很轻易就拥有了"粗心""马虎""不动脑子"的帽子。

这些孩子的问题根本不是不努力、不认真、马虎粗心，是他们写得太多、做得太多、学得太多，脑袋已经装不下、转不动了。好比你的电脑，刚买回来的时候性能挺好的，但在使用过程中，你不知不觉地就给电脑装上了各种软件，软件间互相打架，电脑越用越慢，直至有一天，开机都开不了……你找工程师来，工程师会告诉你软件装太多了，电脑带不动了，要删除一些……软件一删除，电脑立马恢复如初。是电脑配置不好吗？不！是使用不当！这和孩子学太多消化不过来、成绩不升反降，是一个道理啊！

家长看到别人给孩子报辅导班买辅导资料，就觉得自己也得去做。于是孩子们被逼着各种学、各种写……

很可惜的是，很多孩子越做成绩越不好。甚至，还出现了一些因为心理压力过大导致的孩子心理问题的极端事件，真的让人扼腕痛惜。

一旦你跳出这种竞争的框框，就能清醒地看到：盲目地给孩子加作业、加辅导是没有用的，不但不能提高成绩，反而让孩子没了学习动力，变得磨蹭拖拉……跟家长们的期望背道而驰！

很多孩子的学习问题不是家长想象的那样要去找老师补课解决的，恰恰相反，他们急需在学习上做减法——减掉辅导班，减掉额外作业……精简以后，他们才可能有力气去认真学习。

当我说上面这些话的时候，很多家长可能觉得："只让孩子玩，是不是太不负责任了？我的孩子上很多辅导班成绩都不好，如果不上，成绩不是更差了吗？"

父母学习小组的舟舟说："我给孩子做了减法，去掉了在家给他安排的课外作业，告诉他做完学校布置的作业后，时间他可以自由支配。孩子积极性特别高，天天在学校就把作业完成，而以前家庭作业都要做到晚上 11 点。成绩也从以前班级倒数第三，变成了现在的正数第七！"

这是一个四年级的小学生,他妈妈进家长学习小组的时候,孩子读三年级,当时作业磨蹭拖拉,成绩也在班级垫底。妈妈下决心改变,一边跟孩子用亲子谈话五步法一起安排学习,一边帮孩子减掉额外的"妈妈牌"作业,孩子就展现出了本该有的蓬勃朝气。

看到孩子进步这么大,孩子的老师私信舟舟:"你孩子上的什么辅导班,进步这么大呀?"收到老师的短信,舟舟很激动地说:"以前孩子成绩差,我都不敢跟老师进行私信交流,现在孩子成绩好了,老师主动找我聊天!"她很诚实地告诉老师:"孩子没有上辅导班,是我自己学习了家庭教育的方法。"舟舟的话让老师大吃一惊!也就是在一位小学老师心目中:孩子进步必定是上了辅导班。她也没想到,孩子居然是停了课外作业后学习成绩进步了!

有时父母一旦盯分数就焦躁,一焦躁就顾不上思考,不思考就不知道孩子真正需要什么……"以发展的眼光看孩子","皮格马利翁效应","因材施教以人为本"……早已尘封在书本里面了,甚至再也不信!

现在从家庭到学校再到社会,都在一个劲地对孩子喊:"快!快!快!"很少有人能耐心地去听一听孩子的心声,问问他们是不是累?是不是苦?是不是很害怕?……但是,孩子发展的规律摆在那儿,不是大人想追就能追上、想快就能快、想超就能超过的,我们必须根据孩子的发展规律来,才能把他培养到更好。

减负也要减内耗

◆ ◆ ◆

跟大家谈了这么多做减法，那么到底怎么做减法？就是简单地停掉课外班和不刷课外题吗？事情当然没有想象的这么简单。

做减法不是简单地放养，更不是爸妈自己玩自己的，孩子随孩子去，而应该是父母以全新的眼光看待孩子，用与以往不同的方式跟孩子沟通交流，以全新的方式陪伴孩子。这样做其实更需要爸妈花费心力。

我这样说可能比较笼统，那么下面我来说具体一点吧。做减法除了减孩子的课外辅导和作业的负担，你还需要减如下东西。

第一个要减的是精神内耗。精神内耗包括哪些呢？担忧迷茫，担心未发生的事情，迷茫于未走的路等。比如，孩子还没上一年级呢，就开始担心孩子跟不上，听消息只听得见负面的……其实对付这类事情很简单，你去调查了解，多问问过来人、多请教专业人士；内心担忧的时候，不要立即起反应，而应缓一缓等一等，这样你就不会成为一个捕风捉影总是被焦虑挟裹的妈妈。

精神内耗还包括投射，就是把自己小时候的遭遇投射到孩子身上，小时候数学不好，就胆战心惊地觉得孩子数学也会学不好。这个时候，要把孩子和自己分开，孩子是孩子，你是你，要相信孩子是发展、多变的，是有各种可能的。

精神内耗还包括总后悔过去的事情，总是责备自己不该怎么样，在后悔里无法自拔。已经发生的就不要过度剖析，人总会犯错，知错改错，行动起来，一旦行动，人的焦虑就会减半。

精神内耗还包括去比较，比较自己和别人，比较自己家的孩子和别人家的孩子，总是有被甩出局的感觉。其实这个世界是多元的，真要比，应该全方位比，全方位比你就会发现自己和孩子也有独到之处，不要总是拿自己的缺点去"撞"别人的优点；还需要纵向比，拿自己和自己比，拿孩子的现在和过去比，进步了就是收获。

其实消除这些内耗的一个共同点就是，当下就行动，去学一些东西，用新的技能、新的方法、新的理念，去挤掉那些内耗，从行动中寻找到力量！

第二个要减的是话语。减少说话，主要是减少唠叨、指责以及指令。在孩子三岁之前，尤其一岁前，妈妈说话多，可以给孩子有益的刺激，促进孩子语言中枢发展。但是，如果孩子已经上幼儿园了，妈妈的话语还是多得刹不住，像个直升机一样一直盘旋在孩子的上空，对孩子一个指令接着一个指令，让孩子没有一点自己做主的时间和空间，这样就很容易削弱孩子的学习能力、探索能力以及研究能力。

有一次我看到一位奶奶带孩子，行走的一路，奶奶一直在喊："慢一点，慢一点！""别动。""扔掉。""过来。"真是烦不胜烦！

放手让孩子自己去探索，减少指令，才能培养出一个能干的孩子。如果害怕孩子不安全，要么大人用手搀着他，要么带孩子去安全的地方。一直这样唠叨会让孩子把大人的话当耳边风，话少的父母更容易培养出一个专注的有自己想法的孩子。

第三个要减的是对孩子的帮助。有些大人在带孩子的过程中养成了一种帮忙的惯性，凡事喜欢伸手帮忙，一点都意识不到孩子已经长大了。孩子上学了，大人还把他当作一个什么都不会的小宝宝，帮着叫起床、帮着记作业、帮着背书包甚至帮着穿衣喂饭……久而久之就让孩子失去了独立的能力。

第四个要减的是责备。责备的话总是冲口而出，表扬的话却怎么也说不出口，这是很多家长的通病。我们一定要减少责备，多多肯定孩子。孩子是越肯定越积极。

塔塔三年级，下面是塔塔妈妈的打卡内容。

女儿第一单元测试结果不太好,但是我时刻记着月方老师的话,控制自己情绪,控制自己没有对孩子进行言语攻击,耐下心来晚上和她分析了错误的原因,然后陪着她订正了错题。

订正好了后,问女儿事情不拖到第二天是什么感受,她说感觉很好。晚上她和弟弟看了半小时电视,时间到了我提醒了一下,两个人就抢着去关电视。

女儿还主动读了《快乐英语》。我说:"你自己都会安排了啊!"

孩子很高兴,整个晚上都是开开心心的,感觉特别好!

你们看,做减法不是简单地减掉,而是对爸妈的要求提高了:本来那些错误的想法要及时清理掉;本来脱口而出的责备的话要憋住,换一种说话方式;本来一些错误的代劳,要及时刹住……让孩子变得自己知道努力,这就是做减法的魅力!

减负有"减"也要有"加"

◆ ◆ ◆

我一直向家长们强调做减法，要给孩子减负。进了父母学习小组的家长，很多给孩子停了课外辅导班、课外作业，孩子成绩反而变好。他们纷纷向我反馈这种变化，觉得太神奇了！以前总以为成绩不好就要多学，却不知原来成绩不好的孩子是需要"少"学啊！

常常有人误解我所说的做减法，以为就是对孩子什么也不做，随他去！其实做减法不是不做，是需要你亲自带着孩子去做。本来是把孩子扔进一个课外班了事，做减法后就变成：你和孩子一起阅读，或让孩子做你的小老师；本来你把孩子送进辅导班你就能轻松去放飞自我，做减法后却要和孩子一起去观察生活，发现生活，记录生活。

但是，陪孩子就在这十来年的关键期，你陪他越多他就越积极；你参与得越多，孩子就与你越亲近；你在孩子身上花费的时间和心血，多年以后都看得见收获！

大家看看父母学习小组里网名叫"唯一"的妈妈的打卡，她的孩子上四年级。

> 好久没有打卡了，这次大女儿期中考试考得非常棒，而且这次期中考试她自己自主复习，看错题，记笔记，全程我和她爸都没有参与（以前期中期末考试都是我陪着她复习）。
>
> 最高兴的是语文学习的进步。月方老师告诉我要陪孩子读书，不要妄想"一口吃成个胖子"。我陪孩子读书读了一周后，她就开始自己坚持读书，孩子现在语文成绩也赶上来了。
>
> 我和她爸开始做甩手掌柜了，学校作业都是她自己完成，以前我们都会逼着孩子写课外作业，"今天要写几页、明天写几页"的那种，孩子很不愿意。现在是她愿意写就写，不强求。阅读方面只要她喜欢的书，我都给她买。
>
> 她自己得知成绩后也非常高兴，第一时间打电话告诉我："妈妈我自己付出多少，回报就有多少。"孩子自己复习的笔记还带到学校分享给其他同学。我和孩子现在基本没有争吵了，后面会再接再厉。

这位妈妈做了哪些减法？减了课外作业：课外作业随孩子自己安排，不再强逼；增加了陪伴式阅读，陪孩子读了一周书以后，孩子开始自己读书了，读书习惯养成了，语文成绩就上来了。

所以有减就要有加，这种加是隐形的加，是不着痕迹地加，也是提高孩子竞争力的加，具体加什么呢？我们来进行一番探讨。

第一，要加玩的时间。现在很多学校的空间有限，活动场地很小，孩子们户外活动时间很短。很多孩子在学校一坐就是十几个小时。你们看到过一个不好动的小孩吗？小孩都是活泼的好动的，他们需要在活动中改善动作、促进发育、获得能力、完成成长……特别沉稳的大象，它们小时候走路都是蹦蹦跶跶的，小孩子们都是在蹦跶中探索世界、完成学习的。

一个在学校坐了一整天的孩子，放学到家就像一节能量耗光的电池，你再让他坐在那边好好学习和写作业，他做不到啊！这个时候要通过活动来帮孩子蓄能，只有能量蓄起来了，他才会有力气去安静地学习。

所以我建议大家一定要增加孩子玩的时间。玩可以是户外活动，也可以是室内游戏，或者是手工，最好是大开大合的跳跃、蹦跶、荡秋千、奔跑，因为这样的活动特别有利于孩子身体和神经的发育，会让孩子更健康更活泼更有能量。控制孩子玩手机看电视等电子产品的时间，因为孩子在做这类活动时依然是安静、不动脑筋的，不利于孩子身心恢复。

很多家长苦恼于孩子作业磨蹭拖拉，我教他们放学后先带孩子玩一玩。大家惊奇地发现，孩子放学后先玩一玩，写作业居然变快了。

学了做减法后的燕子在打卡中告诉我：

> 做文言文阅读的时候，发现孩子15分钟才做了2小题。以前我会不停地催促孩子，结果越催孩子做得越慢。昨天我换了一个方法，我问孩子："是不是脑子一团浆糊了？累了就出去玩会儿吧！"孩子想了想说："好吧。"休息完回来，不到3分钟就完成了剩下的题目。

这就是玩和休息的魔力！

第二，要加阅读。阅读的重要性越来越被大家重视。大家都发现高考考题的阅读量变大了，一些数学题也像一篇阅读短文了，一些理科题加进了文学元素，更是让人觉得如果没有深厚的阅读基础，孩子不可能得高分。

父母学习小组守怡的孩子已经上高一了，他就跟我说："您说小时候要阅读，真是太对了！儿子上了高中后，发现他班上阅读量少的同学这个时候语文怎么也考不好，刷再多题分数也在往下掉。"

读书少这个问题，其实在小学阶段是看不出来的，因为小学的知识相对简单。还有一个让爸妈不重视阅读的原因是：一些孩子在小学读了很多书，但作文依旧写不好，让很多妈妈对阅读的作用产生了怀疑。但你真正去细微观察，还是会发现多阅读在小学体现出的好。

比如父母学习小组里网名"陈兔子"(孩子六年级)的家长打卡:

> 昨天,语文老师在群里发消息说,上学期期末考试,语文有文言文阅读理解,是《三国演义》中的"挥泪斩马谡",一共10分。晚上,我问孩子,这个小故事你读懂了吗?孩子说在凯叔讲故事里听过,他都会!
>
> 最近,孩子越来越爱看书了,以前只是晚上看书,现在,早起在家也要看几分钟,最近迷上了《明朝那些事儿》,有空就和我讨论,孩子觉得蛮有趣的。

这就是读书的好处!读书习惯一定要从小培养,这个选项一定要帮孩子加上!

第三,加探讨。孩子题目做错了,不要忙着讲解,不要忙着否定孩子。我们不妨让孩子为自己解释解释,这个过程也是孩子厘清自己思路的过程,更是促进思维的过程。如果孩子没有错,我们还要创造机会让孩子来讲讲他的思路,让孩子做小老师,你就做一个学生,孩子讲,你就认真听,不时地提问,深挖孩子的观点。用这种方式促进孩子思考。

我们再看一个事例:研究生妈妈示弱后儿子作业全对!这是

父母学习小组里多妈的打卡（孩子五年级）：

　　这几天我一直在想怎么才能激发儿子的学习内驱力，昨天我把儿子的数学错题整理出来，我跟他说妈妈打算跟你学数学了，你做我的老师教我吧。他很高兴地答应了，然后他讲一句，我写一句，有的题目我说除了列算式，我还想用方程解，他说他也不太会，让他想想，不到一分钟，他就想出来了，又很开心地教我。

　　我做好后，让他批改。我发现这样儿子学习信心猛增。昨晚我发现他的家庭作业，每门都全对，而且用时也短，我很惊讶。我也跟孩子爸爸说，以后我们要示弱，即使会也要装不会。

多妈是研究生毕业，自认为抓孩子的学习游刃有余，所以总是她在讲。后来她发现自己一味灌输，孩子学习积极性越来越低，成绩甚至出现了滑坡。

多妈进了父母学习小组后，改掉了单方面说教和指导，平等地和孩子对话，甚至时不时去请教孩子，肯定孩子的想法、对孩子的思路表现出兴趣，她的改变反而把孩子的主动性和积极性都调动起来了。孩子的学习成绩也提高了很多，经常考班级第一，主动学习才是真正的学习能力！

第四，加自我安排。

父母学习小组洋洋妈的打卡：

进了父母学习小组后，我对孩子的要求降低了（不再额外布置作业），现在，孩子在慢慢地变好。

最大的改变是孩子现在作业不拖拉了，老师布置的作业每天都积极地完成（自己还弄个本子登记每天的家庭作业），以前是慢慢地磨，生怕写完了我再布置额外作业。

星期二开了家长会，任课老师都说她上课表现很好，认真听课。我跟老师说，就是成绩还不太理想，请老师多鼓励。

数学老师第二天就跟孩子简单地谈了谈，鼓励了她。

今天中午回来她说她昨天考试进步了！以前都是七八十分，这次考了94分。

这次她说："妈妈，这张试卷计算量很大的。"我看了看，确实如此，孩子计算明显进步了！孩子用了心，所以错得少。以前她看到计算题就烦，被我天天逼着做计算题心里更是反感。

这次她自己主动分析了试卷，要我晚上下班帮她打印出来贴错题本上。

试卷上有一道填空题孩子不会，她准备第二天去学校问老师。以前我每次叫她去问老师，她都找借口说"老师忙"。

我对孩子降低要求后，孩子的积极性反而越来越高了，能进行自我安排了！

有的孩子，当家长不给他做过多安排的时候，孩子就会主动安排自己。比如上面的洋洋和唯一家的孩子，都是家长减少安排以后，孩子反而对学习更上心。育儿路上要给孩子留白——给孩子留时间和空间让他自己安排。你想培养一个自主的孩子，就必须学会留白。如果你给孩子都安排得满满的，孩子根本没有做主的机会，他怎么可能自主学习呢？

当孩子年纪尚小还不会自己学习时，就需要家长多加引导。

看看草莓酱的打卡：

> 我家孩子这周表现很好，做作业之前我都有意识地问孩子："你有什么打算？"一开始孩子不懂怎么安排自己，我就提供几个方案供孩子选择，孩子渐渐学会自我安排了。他买了一个计划本，把要完成的项目列在上面，完成一项就勾掉一项。
>
> 孩子做完很有成就感，还说："当家作主的感觉真好！"
>
> 不像以前，孩子都听我安排，经常是想玩又不敢玩、写作业又不好好写。
>
> 现在我们母慈子孝，孩子能力也增强了！

草莓酱家孩子才一年级，妈妈逐步放手，孩子能逐步产生自主意识，比完全听妈妈安排好。

家长在陪伴孩子的过程中，一定要教会孩子方法，而不仅仅教他知识，因为我们现在用心陪，是为了将来的不陪！

　　当你一方面为孩子减负担，另一方面为孩子增加自主能力的时候，你就成了孩子的"助推神器"，他会因为你的助推而一路开挂、奋勇向前！